Ellie Mattes

Ponyschule Trippelwick

Hörst du die Ponys flüstern?
(Band 1)

Mit Bildern von Larisa Lauber

SCHNEIDERBUCH

Es gibt einen Ort,
nicht hier und nicht dort,
er liegt zwischen Bäumen,
versteckt wie in Träumen,
der schönste Platz der Erde,
für Menschen und Pferde,
und die restliche Schar,
wie Ponys, Esel und Zebras, oh ja!
Sie gehen dort alle durch dünn und dick,
komm auch du mit nach Trippelwick!

Inhalt

Die Schlimmstewimmste

Wumm!

Annie pfeffert ihren Schulrucksack in die Ecke.

Dann sind ihre Sneakers dran: zuerst der linke, dann der rechte. Zum Schluss knallt sie die Tür hinter sich zu, *peng!*

Aber wenn man so wütend ist wie Annie gerade, kann man nicht anders. Da muss man einfach aus der Wäsche fahren.

Ein Glück, dass ihre Eltern nicht zu Hause sind. Sie kann also nach Herzenslust toben und sich aufregen: über Frau Wimmste – die schlimmste Lehrerin aller Zeiten. Seit Annie in die neue Schule geht, nörgelt die Klassenlehrerin an ihr herum. Und das bloß, weil Frau Schlimmstewimmste, wie Annie sie heimlich nennt, Ponys und Pferde überhaupt nicht ausstehen kann.

Annie jedoch schon. Sehr sogar! Wenn es nach ihr ginge, gäbe es überall Ponys. In den Schulen als

Freunde. In den Städten anstelle von Autos. In den Parks als Rasenmäher. Oder am besten gleich in jedem Kinderzimmer!

Aber davon versteht die Schlimmstewimmste gar nichts. Schon wieder hat Annie eine dicke, leuchtend rote Vier für ihren Aufsatz bekommen. Dabei war die Aufgabe ganz einfach.

„Was hast du dir nur dabei gedacht, dir eine so haarsträubende Geschichte auszudenken?", hat die Lehrerin geschimpft und Annie mit spitzen Fingern das Heft überreicht. „Ihr solltet über unseren Zoobesuch von letzter Woche schreiben. Die Führung bei den Schleimschnegeln war doch hochinteressant!"

Annie hat verwundert die Augen aufgerissen, woraufhin die Lehrerin wütend fauchte: „Aha, ich verstehe. Du findest also Ponys interessanter als Schnegel, wie? Na gut, von mir aus. Aber glaubst du im Ernst, dass dieses Pony tatsächlich mit dir gesprochen hat? Das ist doch … Irrsinn!"

Die ganze Klasse brach in lautes Gelächter aus.

„Das hast du geschrieben?", gackerten die Kinder.

Also versuchte Annie, die Situation zu erklären. Es war schließlich wirklich so gewesen, dass dieses kleine, niedliche Pony im Zoo „Guten Tag" zu ihr gesagt hatte. Und dann noch: „Wie geht's?" Oder genau genommen: „Wieeeeha geht's?"

Doch Frau Schlimmstewimmste wollte davon nichts hören, sondern zischte verschnupft: „Ponys können nicht sprechen! Merk dir das! Und wenn du nicht bald mit diesem Unsinn aufhörst, sehe ich schwarz für dich in diesem Schuljahr!"

Annie wirft sich auf ihr Bett. Als ob das so einfach wäre! Sie liebt Ponys und Pferde nun mal über alles. Obwohl sie noch nie so richtig mit einem Pony zu tun hatte. Na ja, bis auf das im Zoo. Aber da war ein großer Zaun zwischen ihnen, das zählt also eigentlich gar nicht. Und wenn Annie jetzt so darüber nachdenkt, war dieses Pony vielleicht doch etwas seltsam. Ob die Schlimmstewimmste recht hat, und Annie hat sich das alles nur ausgedacht? Weil die Ponysehnsucht mit ihr durchgegangen ist?

Annie seufzt. Das würde bestimmt alles nicht passieren, wenn sie endlich Reitstunden kriegen würde. Aber jetzt, wo ihre Eltern sie endlich alt genug dafür finden, sind sie ausgerechnet in diese blöde Stadt gezogen, wo es keinen einzigen Reiterhof weit und breit gibt.

Dabei wünscht sie sich nichts sehnlicher, als ein eigenes Pony zu haben! Doch von diesem Traum ist sie weit entfernt. Der mickrige Garten hinter dem neuen Haus ist viel zu klein für ein Pony. Das sieht sogar Annie ein. Zum Herumtollen reicht der Garten aber aus. Vor allem, wenn die Sonne so schön scheint wie heute.

Annie beschließt, sich von der ollen Schlimmstewimmste nicht länger den Tag verderben zu lassen. Bald sind Ferien, dann muss sie die Lehrerin zum Glück nicht sehen. Und wer weiß: Vielleicht geschieht bis dahin ja ein Wunder. Hoffentlich!

Ein Ponybrief für Annelie

Seit Annie sich erinnern kann, besitzt sie ein Windpony. Es ist unsichtbar und sehr schnell. Früher hat Annie ständig mit ihrem Windpony gespielt. Jetzt hingegen holt sie es nur noch hervor, wenn niemand zuguckt. Mit einem unsichtbaren Pony zu spielen ist eigentlich ziemlich albern … aber besser als nichts! Wenn die beiden gemeinsam über den Rasen donnern, dann ist das immer ein bisschen so wie reiten. Zumindest stellt sich Annie das so vor.

Als sie aber an diesem Nachmittag mit ihrem Windpony spielt, passiert etwas ganz anderes. Man könnte sagen, ein Wunder jener Sorte, die sich Annie nicht mal mit kühnster Ponyfantasie hätte ausdenken können. Als sie nämlich mit dem Windpony über Papas Geranien springt, räuspert sich plötzlich jemand hinter der Hecke und sagt: „Gut gemacht!"

Erschrocken bremst Annie ab. Wer war das? Mama und Papa sind mit Baby Benjamin doch beim Kinderarzt. Sie kommen erst in einer Stunde nach Hause. Wem gehört also diese Stimme?

Hastig blickt sie sich um. Im Garten ist niemand. Das ist schon etwas unheimlich, und das Windpony fängt prompt an zu zittern. Annie muss es beruhigen. „Sind doch nur grüne Blätter", murmelt sie und schiebt tapfer die Zweige der Hecke auseinander, aus der die Stimme kam. Mutig blickt sie in das Dunkel. „Hallo?"

„Guten Tag", tönt es freundlich aus der Hecke.

Annie blinzelt. Einmal, zweimal. Doch das Bild vor ihren Augen will nicht verschwinden. Mitten in der Hecke steht doch tatsächlich dieses Pony aus dem Zoo! Es ist so winzig, dass Annie sich niederknien muss, um es genauer betrachten zu können. Das Pony hat jetzt einen schwarzen Zylinder auf dem Kopf. Seine karamellbraunen Wuschelhaare gucken darunter hervor. Und gerade macht es eine vornehme Verbeugung.

„Träume ich?", flüstert Annie. „Oder bilde ich

mir das schon wieder ein? Bin ich wirklich so verrückt?“

„Keine Sorge“, sagt das Pony, und seine Stimme klingt viel kräftiger, als sein kleiner Körper vermuten lässt. „Du bist nicht verrückt. Na ja, sofern du Annelie Fliederbusch bist. So heißt du doch, oder nicht?“

Annie nickt verdattert, und das Pony tritt daraufhin aus dem Dickicht.

„Dann habe ich ein paar äußerst wichtige Fragen an dich. Man könnte auch sagen, es ist eine Art Test. Bist du bereit?"

Oje! In der Schule ist Annie ja nicht grade die Klassenbeste. Aber versuchen will sie es trotzdem. So eine Gelegenheit, mit einem Pony zu quatschen, bekommt man schließlich nicht alle Tage! Das ist schon ziemlich ponytastisch, ehrlich gesagt.

„Okay", sagt sie schnell.

Das Pony guckt prüfend unter seinem Zylinder hervor.

„Also gut, stell dir vor, du hättest einen Wunsch frei. Du könntest dir entweder eine Truhe voll Gold wünschen oder einen eigenen Rummelplatz mit Achterbahn oder ein eigenes Pony. Was würdest du lieber haben wollen?"

„Och, das ist ja einfach", kichert Annie erleichtert. „Das Pony natürlich!"

„Soso", sagt das Pony und stellt prompt die nächste Frage: „Und stell dir vor, du könntest ein riesiges Abenteuer erleben. Auf welches hättest du am meisten Lust? In einem Pferdefilm mitzuspielen? Auf einen Ausritt auf einem sprechenden Pony? Oder auf eine Forschungsreise zum Mars?“

Schon wieder muss Annie lachen. Wenn Schule bloß auch so einfach wäre, denkt sie und erklärt: „Vom Reiten träume ich schon lange. Und wenn das Pony obendrein sprechen könnte, dann wäre das oberponytastisch!“

Das Pony schnaubt zufrieden. „Dann stelle ich dir nun die wichtigste aller Fragen. Pass auf, sie ist knifflig“, warnt es und schüttelt die karamellbraunen Schopfhaare unter dem Zylinder, ehe es mit ernster Stimme fragt: „Was ist für ein Pony das Allerwichtigste? Dass der Mensch es liebt und alles dafür tut, dass es ein gutes Leben hat? Oder dass es stets leckeres Futter von ihm bekommt? Oder will ein Pony lieber einen guten Reiter auf seinem Rücken haben? Na, was denkst du?“

Annie kräuselt die Nase so sehr, dass ihre Sommersprossen darauf zu tanzen beginnen. „Puh, das ist aber jetzt schwierig“, stöhnt sie. „Sind nicht alle drei Dinge gleich wichtig?“

„Und ob! Du hast den Test hervorragend bestanden“, wiehert das Pony. „Daher verrate ich dir jetzt auch, wer ich bin: Professor Archibald Harold Falabellius Hillbatten, Direktor der hochgeheimen Ponyschule Trippelwick. Und ich bin gekommen, um *dich* zu finden."

„Mich?", haucht Annie und plumpst vor Überraschung in die Geranien. „Wieso?"

Der Ponydirektor zwinkert ihr zu. „Na, weil du etwas kannst, was andere nicht können."

Annie schüttelt ihre Ringellocken. „Das kann nicht sein. In der Schule bin ich richtig mies. Das wird Ihnen die olle Schlimmstewimmste liebend gern bestätigen. Ich muss Sie aber warnen, meine Lehrerin mag keine Ponys."

Der Ponydirektor lässt sich nicht beirren. „Doch, doch, glaub es mir! Du hast eine seltene Gabe. Es ist eindeutig, du bist eine Ponyflüsterin."

„Eine *Ponyflüsterin*?", haucht Annie und krabbelt erstaunt aus den Geranien. „Ich? Wirklich?"

Jetzt muss der Ponydirektor glatt lachen. „Ist dir das denn noch nie aufgefallen?"

„Noch nie", sagt sie und fügt nachdenklich hinzu: „Aber es würde erklären, was im Zoo passiert ist, nicht?"

Der Direktor nickt. „Aus diesem Grund war ich dort. Um Kinder zu finden, die so sind wie du!“ Er schüttelt seine Karamellmähne, und aus dem Zylinder plumpst ein dicker Briefumschlag. Direkt in Annies Hände. „Du darfst ab jetzt in Trippelwick zur Schule gehen. Das ist die Schule für Ponyflüsterer und Pferdeflüsterer. Als Ponyflüsterin fängst du an. Pferdeflüsterin wirst du später, steht aber alles da drin.“ Er nickt auf den Umschlag.

„Ponyflüsterin?“, wiederholt Annie ungläubig und starrt auf den Brief in ihren Händen. „Gibt es so etwas wirklich?“

Der Ponydirektor wiehert vergnügt. „Na, sonst würdest du mich kaum verstehen!“ Er macht eine bedeutungsvolle Pause. „Aber du hast recht. Niemand weiß davon. Die Gabe ist streng geheim. Und die Schule ist streng geheim. *Alles* ist streng geheim! Du darfst niemandem etwas davon erzählen! Außer deinen Eltern natürlich. Denn in Trippelwick wirst du in einem Internat wohnen. Im Südturm der Villa, genauer gesagt. Ich hoffe, das macht dir nichts aus?“

Annie schwirrt der Kopf. Ponyflüsterin?

Internat? Südturm? Geheime Gabe? Und nie wieder Schlimmstewimmstes schlimme Schulstunden? Vor Aufregung kann sie jetzt nur noch flüstern.

„Gar nicht", piepst sie und fällt dem Ponydirektor freudig um den Hals.

„Na, na, mein Fräulein, nicht so stürmisch", mahnt der Direktor, doch dann schmunzelt er. „Wir sehen uns am ersten Schultag in Trippelwick, Annelie Fliederbusch?"

Annie nickt heftig.

„Und vergiss nicht, deinen Eltern alles zu erklären", mahnt der Ponydirektor noch, ehe er wieder davontrippelt. Genauso leise, wie er gekommen ist.

Annie kann ihr Glück kaum fassen. In ihrem Bauch kribbelt es, als hätte sie sieben Päckchen Brausepulver auf einmal gegessen. „Hoffentlich habe ich das alles nicht bloß geträumt", flüstert sie.

Aber der dicke Briefumschlag in ihren Händen fühlt sich echt an, und sie kann es kaum erwarten, ihren Eltern davon zu erzählen. Na, die werden Augen machen!

Immer den Hufeisen nach

„Bist du sicher, dass wir hier abbiegen müssen?“, fragt Papa und lenkt das Auto in eine schmale Straße, die dicht umwachsen ist von Bäumen und Sträuchern.

Mama zuckt neben ihm ratlos mit den Schultern und liest zum hundertsten Mal an diesem Morgen den Brief laut vor. Denn Papas Navi hat noch nie etwas von Trippelwick gehört. So müssen sie sich wohl oder übel auf die Wegbeschreibung von Direktor Hillbatten verlassen. Die ist aber alles andere als präzise, und so kurven sie seit Stunden durch die Landschaft, auf der Suche nach der geheimnisvollen Schule.

Als Annie ihren Eltern von der Begegnung mit dem Ponydirektor erzählte und ihnen daraufhin den Brief zeigte, dachten sie zuerst, ihre Tochter würde flunkern. Immerhin wussten sie über Frau Wimmstes Abneigung gegen Ponys Bescheid. Und ein bisschen konnten sie die Lehrerin auch verstehen. Schließlich konnte sich nicht immer alles nur um Pferde und Ponys drehen!

Vier mal vier ist eben sechzehn. Und nicht sechzehn Pferde.

Einen Umfang berechnet man,
indem man die Seitenlängen
zusammenzählt,

und nicht, indem
man ausrechnet, wie viele
Ponys auf einer Koppel Platz haben.

Und schon gar nicht hüpft man bei der Schulabschlussaufführung wie ein Springpferd über die Sesselreihen der Zuschauer.

Aber so ist Annelie nun mal: durch und durch ponybegeistert! Und als sie den Brief lasen, begriffen ihre Eltern auch endlich, warum. Und deshalb versprachen sie Annie, sie nach Trippelwick zu bringen. Im Brief stand nämlich Folgendes:

Sehr gepferde Eltern von Annelie Fliederbusch,

Ihre Tochter – und das wird Sie mit Sicherheit überraschen – ist eine Ponyflüsterin. Diese Gabe ist sehr selten. Darum bieten wir Annelie einen Platz auf der renommierten und hochgeheimen Schule für Pony- und Pferdeflüsterer in Trippelwick an. Folgen Sie am 1. September einfach den Hufeisen. Ihre Tochter wird Sie geleiten!

Mit freundlichen Hufen
Archibald Harold Falabellius Hillbatten
Direktor von Trippelwick

Annie muss lachen. Während ihre Eltern noch darüber diskutieren, ob diese Straße die richtige ist oder nicht, immerhin fahren sie gerade durch wildestes Gestrüpp, hat sie längst das Gefühl, zu Hause zu sein. Irgendwie kommt ihr alles bekannt vor.

„Ist doch klar", kichert sie und deutet auf einen krummen Baum neben der Straße. „Das ist wieder ein Hufeisen. Und dort vorne ist auch eins."

„Der schiefe Zaun da?" Papa kneift die Augen zu. Nicht einmal mit viel Fantasie kann er darin ein Hufeisen erkennen. Aber seiner Tochter zuliebe tritt er aufs Gas. „Wenn du meinst", seufzt er und ist ausnahmsweise mal froh darüber, dass sie kein nigelnagelneues Auto besitzen, sondern eine alte Rostlaube, deren Lack schon lange zerkratzt ist. Tapfer schiebt sich das Auto dichter in den Blätterwald, bis sie endlich zu einem prächtigen Tor gelangen.

Es besteht aus zwei sich aufbäumenden Steinpferden und sieht sehr beeindruckend aus. Unter den mächtigen Hufen führt eine Allee hinauf zu einem

wunderschönen, riesigen Haus. Das muss die Villa Trippelwick sein, von der der Ponydirektor erzählt hat. Vier schimmernde Riesenkegeltürme ragen in den schlumpfblauen Himmel.

„Guckt mal, im Südturm werde ich schlafen“, jubelt Annie und kann ihr Glück kaum fassen. Sie kommt sich vor wie in einem Disney-Film, nur dass das hier grade echt ist. Das scheint nun auch Mama zu begreifen.

„So vornehm hatte ich mir die Schule gar nicht vorgestellt", raunt Frau Fliederbusch ihrem Mann zu und ist sichtlich erleichtert darüber, wie ordentlich hier alles aussieht. Ringsherum sind Wiesen und Koppeln. Blumen blühen, und die Wege sind sauber gefegt. Scheint gar nicht übel zu sein, dieses Trippelwick.

Kaum hat Herr Fliederbusch den Wagen auf dem großen Kiesplatz geparkt, springt Annie aus dem Auto. Neben ihnen parkt gerade ein weiteres Auto ein. Ein Mädchen steigt aus und guckt sich schüchtern um.

„Hallo", ruft Annie. „Bist du auch neu hier?"

Das Mädchen nickt, sodass ihre braunen Zöpfe wackeln.

„Ich auch", sagt Annie. „Wollen wir uns gemeinsam umsehen?"

Das Mädchen lächelt erleichtert. „Gern. Ich bin Frida. Und du?"

„Annelie", sagt Annie. „Aber sag Annie zu mir."

Frida nickt, und schon laufen sie gemeinsam in Richtung Villa. Ihre Eltern haben sie prompt vergessen. Zu aufregend ist alles!

Auf dem Platz vor der Villa tummeln sich schon viele andere Kinder. Nicht nur Mädchen, auch Jungs sind unter ihnen, stellt Annie fest. Manche der Kinder tragen weiße Reithosen und schwarze Lederstiefel und sehen damit sehr vornehm aus. Unsicher blickt Annie auf ihre bunten Turnschuhe, die so gar nicht hierher passen. Nur mit ihrem T-Shirt ist sie halbwegs zufrieden, denn da ist ein Pferdekopf drauf. Schnell schiebt sie die Träger ihrer Latzhose zur Seite, damit er rausgucken kann. So sieht sie zumindest ein bisschen ponymäßig aus. Dann jedoch schießt ihr ein anderer Gedanke durch den Kopf: Was ist, wenn die anderen Kinder alle längst reiten können? Vorsichtig schielt sie zu Frida. Zum Glück hat sie auch bloß eine Jeans an. Und eine normale Bluse. Annies Herz beruhigt sich wieder, aber dennoch will sie es jetzt wissen.

„Sag mal, kannst du schon reiten?“, fragt sie.

Frida nickt. „Ein bisschen“, gibt sie zu. „Zu

Hause haben wir einen Bauernhof, und da habe ich das Reiten auf Schorsch gelernt. Oder eigentlich habe ich es *von* Schorsch gelernt. Aber meine Eltern haben mir nie geglaubt, dass Schorsch mit mir reden kann. Die dachten, ich bilde mir das alles ein.“ Sie macht eine Pause und grinst plötzlich von einem Ohr zum anderen. „Du hättest die Gesichter meiner Brüder sehen sollen, als der Ponydirektor eines Tages mitten im Hof stand, seinen Zylinder schüttelte und erklärte, dass ich doch die Wahrheit sage.“

„Schorsch?“ Ein Mädchen steht plötzlich neben ihnen und mustert Annie und Frida aufmerksam. Auch sie trägt eine weiße Reithose, ihre Haare sind zu einem ordentlichen Pferdeschwanz zusammengebunden, und auf ihrer Reitjacke funkeln tausend Glitzersteine. Annie ist beeindruckt. Die sieht ja schon jetzt wie ein Profi aus. Sie will ihr zulächeln, doch da bemerkt sie, wie das Mädchen die Nase rümpft. „*Schorsch*! Was ist denn das für ein Name?!“

Augenblicklich bekommen Fridas Wangen erdbeerrote Flecken. „Den Namen hat ihm mein

Vater gegeben", murmelt sie verlegen. „Ich wollte ihn ja *Sturmtanz* nennen, aber mein Vater meinte, das passt nicht zu seiner Rasse."

Das Glitzermädchen mit dem blonden Pferdeschwanz zieht die Augenbrauen hoch. „Welche Rasse ist denn dein Schooorsch?"

„Ein Noriker", murmelt Frida und hängt etwas mutiger dran: „Vor ein paar Wochen hat er einen Wettbewerb gewonnen. Er gilt als das stärkste Pferd weit und breit."

Annie staunt. „Und auf dem reitest du?"

Frida nickt stolz, doch das Glitzermädchen lacht. „Das kann man doch nicht Reiten nennen. Ein Kaltblut ist gar nicht dafür gebaut", sagt sie spitz und hält inne, als ihre Mutter neben ihr stehen bleibt. Die Mutter sieht genauso profimäßig aus. Und genauso eingebildet.

„Dana, kommst du bitte?! Ich möchte Direktor Hillbatten *Guten Tag* sagen, ehe er von den anderen belagert wird. Vielleicht kann er uns schon verraten, welche Lehrer in diesem Schuljahr unterrichten. Ich hoffe ja inständig, dass dieser einfältige Professor Zen endlich in Ruhestand gegangen ist.

Dieses Getue um Eselsgeduld, also wirklich! Als ob ein Esel wüsste, was einen guten Pferdeflüsterer ausmacht, ts!“ Sie zieht ihre Tochter mit sich und bahnt sich entschlossen einen Weg durch die Menge.

Annie und Frida blicken den beiden verdutzt hinterher. „Unterrichten hier etwa Esel?“, murmelt Frida. „Und vielleicht auch Ponys und Pferde?“

Annie klappt der Mund auf. „Das wär ja obercool!“, haucht sie. „Oh, wie ich mich auf alles hier freue! Endlich eine Schule, die Spaß macht! Nur auf diese eingebildete Dana kann ich gern verzichten. Hoffentlich wohnt die nicht im Südturm. Die geht mir jetzt schon auf den Brokkoli.“

„Brokkoli?“ Frida runzelt die Stirn.

„Na, den mag ich genauso wenig wie Angeber“, sagt Annie und grinst.

Frida kichert erleichtert. „Geht mir genauso. Und weißt du was, auch ich werde im Südturm schlafen. Das hat mir der Ponydirektor schon verraten. Ob wir vielleicht im selben Turmzimmer wohnen?“

„Och, das wär ponytastisch“, jubelt Annie und fügt rasch hinzu: „Das ist das Gegenteil von Brokkoli. Ponys liebe ich!“

Frida lacht. Wie es scheint, hat Annie prompt eine neue Freundin gefunden. Mit der netten Frida kann man bestimmt gut Pferde stehlen. Obwohl das in Trippelwick natürlich nicht nötig ist.

Die Villa mit den Kegeltürmchen ist schon wunderschön. Noch tausendmal eindrucksvoller ist aber das Gelände, das sich dahinter erstreckt. Dort befinden sich die Stallungen und Scheunen. Und vor allem die Pferde. Und die Ponys! Auch eine riesige Reithalle mit weichem Sand auf dem Boden und Spiegeln an den Wänden entdecken die beiden Mädchen. Alle Besucher strömen auf die Reithalle zu. Annie und Frida schließen sich der Menge an. Auch Dana stolziert hinter ihrer Mutter her.

„Da seid ihr ja“, ruft Annies Mama mit Baby Benjamin auf dem Arm. Sie kommt schnaufend auf sie zu und hat Papa mitsamt Fridas Eltern im Schlepptau. Gemeinsam steigen sie die Tribüne hinauf. Als alle Besucher einen Platz gefunden haben, betritt der Ponydirektor die Halle, und es wird mucksmäuschenstill.

Traum in Türkis

„Willkommen in Trippelwick", schmettert der Ponydirektor und verbeugt sich vor seinem Publikum. Auch heute hat er seinen Zylinder auf. „Ich freue mich, dass ihr alle hergefunden habt. Ihr seid eben wahre Ponyflüsterer!" Archibald Hillbatten zwinkert den aufgeregten Kindern zu, während die meisten Eltern sich ratlos anschauen.

„Redet der Direktor etwa gerade?", flüstert Annies Mama aufgeregt. „Was sagt er denn?"

„Pst", macht Annie und legt den Zeigefinger auf ihre Lippen. Sie will kein Wort verpassen.

„Euch erwartet eine spannende Zeit voller Abenteuer und Mutproben", verkündet der Ponydirektor feierlich.

„Ein Ponyflüsterer ist eben nicht nur ein guter Reiter. Er ist ein Vermittler zwischen Mensch und Pferd. Später wird es eure Aufgabe sein, Ponys und Pferden in Not zu helfen. Ihr werdet in Trippelwick daher nicht nur Reiten lernen, sondern auch viele andere Dinge, die ein Ponyflüsterer braucht. Nicht umsonst lautet unser Schulmotto:

Sprich mit deinem Herzen zu Pferden,
und du wirst Pferdeflüsterer werden!"

Direktor Hillbatten lächelt in die Runde. „Jetzt aber genug gequasselt. Nachdem eure Eltern vermutlich gerade nur Bahnhof verstehen, wird Miss Nelson so nett sein, alles Weitere auf Menschensprache zu erklären. Sie ist eure Hauslehrerin und sorgt dafür, dass in Trippelwick das Rechnen und Schreiben nicht zu kurz kommt."

Der Ponydirektor nickt einer jungen Frau zu, die sich daraufhin neben ihn gesellt. Sie trägt ein blassblaues Kleid und sieht so gar nicht nach Pferdeflüsterin aus, sondern eher nach strenger Lehrerin.

Ein paar Reihen vor Annie stöhnen zwei Jungs.

„Auf Mathe kann ich verzichten", mault der mit den schokobraunen Haaren.

Der andere Junge neben ihm sieht völlig anders aus. Seine Haare haben eher die Farbe von Vanille. Unwillkürlich muss Annie an Marmorkuchen denken. So, wie die beiden Jungs schon jetzt ihre Köpfe zusammenstecken, werden sie bestimmt für jede Menge Marmorkuchen-Trubel sorgen.

„Liebe Ponyflüsterer", beendet der Ponydirektor seine Rede. „Ich wünsche euch ein tolles neues Schuljahr! Mögt ihr stets Popflis in den Taschen haben!" Er zwinkert ihnen noch einmal zu, dann überlässt er der Hauslehrerin das Wort.

„Was sind denn Popflis?", murmelt Annie verdutzt.

Frida zuckt mit den Schultern. „Keine Ahnung."

Als Miss Nelson zu sprechen beginnt, atmen viele Eltern erleichtert auf. Auch Annies Eltern spitzen die Ohren. Fridas ebenso. Nur Danas Mutter tut so, als wäre Miss Nelsons Ansprache furchtbar langweilig.

„Ich glaube, die Angebermama ist auch eine Pferdeflüsterin", raunt Frida Annie ins Ohr. „Deine Eltern etwa auch?"

Annie schüttelt ihre dunklen Ringellocken. „Meine Familie und Pferdeflüsterer? Niemals!"

Doch als sie Babybruder Benjamin anguckt, ist sie da nicht mehr so sicher. Wie er plötzlich strahlt. Er scheint es in Trippelwick ganz famos zu finden. Zumindest hat sie ihren kleinen Bruder noch nie so strampeln gesehen.

Im nächsten Augenblick geht ein Raunen durch die Menge. Miss Nelson hat eine lange Liste hervorgezogen und räuspert sich.

„Ich gebe hiermit die Zimmerverteilung bekannt. Wie ihr feststellen werdet, sind eure Zimmer nach Farben unterteilt. Vergesst dabei nicht: Die Mädchen sind im Südturm untergebracht, die Jungen im Westturm. Die anderen beiden Türme sind für Neuankömmlinge tabu. Sie beherbergen die älteren Schüler von Trippelwick, die als Pferdeflüsterer ausgebildet werden." Sie schiebt sich eine übergroße Brille auf die Nase und beginnt die Namen vorzulesen.

„Zelda Ackermann, gelbes Südturmzimmer, Tobias Borengi, silbernes Westturmzimmer, Frederik Dümler, grünes Westturmzimmer, Marie Efflin purpurnes Südturmzimmer …“ Es ist eine lange Liste, die die Hauslehrerin vorliest. Es gibt ein grünes, ein blaues, ein rotes, ein pinkes, ein lilanes, ein orangefarbenes Zimmer und viele mehr. Auch die Marmorkuchenjungs werden einer nach dem anderen aufgerufen. Sie beide kommen ins Silberzimmer und heißen in Wirklichkeit Pablo und Niklas.

Dann ist endlich Annies Name dran. Sie wird in dem türkisfarbenen Südturmzimmer untergebracht. Gemeinsam mit Frida und einem Mädchen namens Tille. Zum Schluss ruft Miss Nelson noch das Glitzermädchen auf. „Dana Zaubenzee, türkisfarbenes Südturmzimmer.“

„Oh nein“, stöhnt Annie. „Jetzt schläft die ausgerechnet bei uns.“

Auch Frida rollt mit den Augen, doch zum Jammern bleibt keine Zeit. Alle Kinder folgen Miss Nelson nun zur Villa hinüber. Vor dem herrschaftlichen Haus wartet schon eine alte, dicke Dame auf sie. Sie heißt Frau Semmelbrot und hat eine rosenrote Rüschenkochschürze umgebunden. Ihre grauen Haare hat sie mit zwei Silberlöffeln zu einem Knoten hochgesteckt.

„Hereinspaziert, meine Lieben“, flötet Frau Semmelbrot, als Annie mit Frida und den anderen neuen Ponyflüsterern die Eingangshalle betritt.

Sofort fällt ihr der grüne Teppich auf den Marmorböden in der Villa auf. Er windet sich wie eine Boa durch das ganze Erdgeschoss und weiter die breite Treppe hinauf. Annie wundert sich. Sind Teppiche in solch prunkvollen Häusern sonst nicht immer rot? Und warum sieht der hier aus wie Gras?

„Ich bin die Haushälterin, also die gute Fee des Hauses“, unterbricht Frau Semmelbrot Annies ratternde Gedanken. „Eure Koffer sind schon in eure Zimmer gebracht worden. Ihr dürft jederzeit zu mir kommen, wenn ihr etwas braucht. Meistens findet ihr mich in der Küche. Da zaubere ich das Mittagessen und das Abendessen für euch. Natürlich auch das Frühstück und was man sonst noch alles zum Schmausen braucht. Ja, auch meine beliebten Knisterkekse! Die haben schon den einen oder anderen Kummer vertrieben." Frau Semmelbrot strahlt so sehr, dass sich tausend Fältchen wie ein Spinnennetz über ihr Gesicht ausbreiten, aber wie ein schönes. Überschwänglich drückt sie ausgerechnet Dana an ihre Rüschenschürze und kommandiert die Eltern in den Salon, wo schon Tee und Knisterkekse auf sie warten, während die Schüler in der Zwischenzeit die Turmzimmer begutachten dürfen.

Mit klopfendem Herzen folgt Annie dem grünen Teppich und steigt mit den anderen die große Treppe hinauf. Von dort aus teilt sich die Villa wie ein Kompass in die vier Himmelsrichtungen. Norden. Osten. Süden. Westen. Auf den alten Holzdielen liegt wieder der grasgrüne Teppich, und an den Wänden hängen unzählige Gemälde von Pferden, Ponys und Pferdeflüsterern.

„Ziemlich riesig hier", murmelt Frida und sieht sich unschlüssig um. „Wo geht's wohl zum Südturm?"

Zum Glück scheint Dana den Weg zu kennen.

„Mir nach", befiehlt sie.

Annie und Frida zögern nicht lange und laufen dem Mädchen mit der Glitzerjacke hinterher. Vielleicht hat es ja doch etwas Gutes, dass Dana bei ihnen schläft. Immerhin scheint sie eine Menge über die Schule zu wissen.

Am unteren Ende des Südturms führt eine schwindelerregend steile Wendeltreppe hinauf zu den Zimmern der Ponyflüstermädchen. Ausgerechnet das türkisfarbene Zimmer befindet sich ganz oben unter dem Kegeldach. Annie kommt ins Schwitzen, als sie die Treppen hochlaufen.

Hinter ihnen trabt nun auch Tille heran.

„Oh, so hoch", haucht das Mädchen und streicht sich die langen flachsblonden Haare aus dem Gesicht. „Hier oben könnten ja voll gut Einhörner landen!"

„So ein Quatsch“, faucht Dana. „Einhörner gibt es schon lange keine mehr! Falls es sie überhaupt jemals gegeben hat.“

„Ach, das sagen nur Leute, die zu doof sind, um eines zu erkennen“, antwortet Tille unbeeindruckt und guckt plötzlich ganz verträumt. So sieht sie aus wie eine Elfe. Das liegt nicht nur an den glasigen Augen und dem rosaroten Kleid, das sie trägt. Sondern auch an dem sonderbar schimmernden Haar, das wie ein heller Wasserfall über ihre Schultern fällt. „Einhörner gibt es sehr wohl“, behauptet sie. „Wenn ihr wollt, verrate ich euch, wie man eines erkennt!“

„Jetzt will ich erst mal unser Zimmer sehen“, brummelt Dana sauer, als hätte sie eben in eine Zitrone gebissen.

Annie schenkt Tille ein aufmunterndes Lächeln. Diese Dana scheint nicht nur eingebildet zu sein, sondern auch ziemlich frostig. Und ausgerechnet die schläft bei ihnen im Zimmer? Das kann ja heiter werden!

Als sie dann endlich das Turmzimmer betreten, staunen die vier Mädchen jedoch alle gemeinsam. Sogar Dana reißt die Augen auf. Das Zimmer ist unendlich schön. Unendlich groß. Vor allem ist es rund, wie ein Turmzimmer eben sein soll. An den Seiten befinden sich vier Nischen. In jeder von ihnen steht ein großes Bett aus altem, edlem Holz. Die Wände sind türkis bemalt. Über ihren Köpfen wölbt sich eine mit Sternen bemalte Kuppel, als befänden sie sich in einem Minipalast. Ein eigenes Badezimmer haben sie auch und sogar …

„Heiliges Einhorn! Guckt euch das mal an!“ Tille ist zu einem der Turmfenster gerannt. Daneben ist noch eine Nische in die Wand eingelassen.

Darin steht aber kein Bett. Tilles Wangen leuchten nun so rosa wie das Kleid, das sie trägt. „Wir haben einen begehbaren Kleiderschrank!“

Tatsächlich hat jedes Mädchen einen eigenen Schrank für sich allein. Das Beste jedoch ist, dass sich in jedem dieser Schränke eine komplette Reitausrüstung befindet. Mit zittrigen Händen fährt Annie über ihre wunderschönen Reitstiefel und die karierten Kniestrümpfe.

Über die taubenblauen Reithosen, die rubinroten Poloshirts und Pullover, den Reithelm und den Rückenprotektor. Auch die Handschuhe und die Jacke sind taubenblau. Obendrein prangt auf der Jacke, mit Silberfäden bestickt, das Schullogo:

zwei steigende Pferde und in der Mitte das Herz mit den Initialen von Trippelwick.

Ohne lange darüber nachzudenken, probiert Annie die wunderschönen Sachen gleich an. Frida und Tille tun es ihr gleich, nur Dana zögert. Doch dann lässt sie sich von der Freude der anderen anstecken und schlüpft aus ihrer weißen Reithose und der Glitzerjacke und zieht stattdessen die Schulreituniform an.

„Steht dir viel besser", sagt Tille.

Dana lächelt schief. „Die Hose ist auch echt bequem", gibt sie zu.

Gemeinsam stiefeln sie hinunter zu ihren Eltern in den Salon. Dort bekommen sie ebenfalls Tee und Frau Semmelbrots Superknisterkekse serviert. Die Kekse kitzeln auf der Zunge und machen beim Kauen einen Riesenkrach. Kein Wunder, dass sie gute Laune verbreiten!

Etwas später heißt es für alle Abschied nehmen.

„Wir sehen uns ja bald wieder", tröstet Annie ihre Mutter, als die ein paar Tränen vergießt. „Ich komme an den Feiertagen nach Hause. Und in den Ferien auch."

Mama schnieft trotzdem und umarmt Annie stürmisch, während Benjamin fröhlich an ihren

Locken zupft. Sogar Papa hat Tränen in den Augen. Schnell beißt er in einen Knisterkeks.

Annie zwinkert ihren Eltern zu.

„An eurer Stelle wäre ich auch traurig, wenn ich nicht in diese Schule gehen dürfte. Aber zum Trost werde ich euch alles haarklein erzählen, sobald ich wieder zu Hause bin. Versprochen!“

Der ponytastischste Stundenplan der Welt

Annie schläft herrlich in ihrem neuen Bett. Sie hat von einem wunderschönen Pony geträumt und kann es kaum erwarten, endlich den Rest von Trippelwick zu sehen. Darauf freut sie sich am allermeisten – auf die Ponys und Pferde!

Gut gelaunt betritt sie am Morgen mit Frida, Tille und Dana den Speisesaal. Viele Schüler sitzen schon an den Tischen. Verstohlen blickt Annie zu den Pferdeflüsterern hinüber. Obwohl sie die gleiche Schulkleidung tragen, sehen sie ganz anders aus. Total profimäßig.

Irgendwann will ich auch so aussehen, denkt Annie ehrfürchtig und nimmt sich fest vor, ab jetzt besonders fleißig in der Schule zu sein.

Gemeinsam setzen die vier Mädchen sich an eines der vielen Tischchen. Frau Semmelbrot hat

Berge von Müsli, Waffeln, Eiern, Haferbrei, Brot und Gebäck herangeschleppt und steht fröhlich hinter der Theke, wo sie große Portionen auf die Teller schaufelt.

„Na, meine Lieben, gut geschlafen? Gut geträumt? Gut getuschelt?“, trällert sie.

Annie lässt sich eine große Portion Müsli mit Früchten geben und verputzt sie in Nullkommanix. Auch Frida und Tille langen ordentlich zu. Nur Dana stochert lustlos in ihrem Essen herum.

„Waf ift?“, fragt Tille mit vollem Mund. „Schmeft's dir nift?“

Dana rollt mit den Augen. „Ich bin nicht wegen des Essens hier. Mir wäre es lieber, wenn wir gleich mit dem Unterricht beginnen würden.“

Geräuschvoll schluckt Tille den Happen hinunter und guckt Dana verwundert an.

„Sag mal, bist du immer so unentspannt?“, fragt sie.

Genervt knallt Dana das Besteck auf den Teller und will schon wieder loszetern, als Frida gutmütig dazwischenruft: „Seht mal! Miss Nelson ist im Anmarsch. Ich glaube, sie hat unsere Stundenpläne dabei!"

Tatsächlich kommt die Hauslehrerin auf sie zu und überreicht ihnen einige Zettel.

„Guten Morgen, die Damen! Das sind eure Stundenpläne und Wegbeschreibungen, damit ihr zu den Unterrichtsräumen findet und euch nicht auf dem großen Schulgelände verirrt. Bitte esst auf, wir treffen uns gleich zur ersten Stunde unten in der Eingangshalle."

„Gehen wir dann reiten?", platzt Annie heraus.

Obwohl Miss Nelson jung ist, sieht sie mit ihrem blassblauen Kleid gar nicht so aus. Eher wie ein alter Uhu mit Hornbrille. Ein alter, strenger Uhu.

„Auch wenn sich in Trippelwick alles um Pferde und Ponys dreht, ist es dennoch meine Aufgabe, euch ein allumfassendes Allgemeinwissen zu vermitteln. Wir beginnen daher mit Mathematik."

„Na toll", murrt Annie, als die Hauslehrerin außer Hörweite ist. „Da sind wir endlich auf einer Ponyschule und haben blödes Mathe."

„Ist doch klar", faucht Dana immer noch sauer oder schon wieder sauer. So genau weiß man das nicht. Das blondhaarige Mädchen scheint ziemlich oft sauer zu sein. Auch jetzt macht sie wieder ihr Zitronengesicht. „Was hast du denn gedacht? Dass sie uns gleich am ersten Tag auf die Pferde loslassen?“

Annie seufzt träumerisch. „Oh ja!“

Auch Frida und Tille nicken begeistert.

Dass die drei keine Ahnung haben, scheint Dana etwas zu besänftigen. Gnädig erklärt sie: „Trippelwick ist keine gewöhnliche Reitschule. Hier läuft alles ganz anders. In ein paar Wochen werden wir ein eigenes Pony für die nächsten Schuljahre zugeteilt bekommen. Aber nicht wir Schüler suchen uns das Pony aus. Sondern die Ponys suchen sich uns aus. Auch bei meiner Mutter war das so, als sie hier zur Schule gegangen ist. Das hat lange Tradition. Wir bekommen also erst unser eigenes Pony zugeteilt, wenn sich eines für uns entschieden hat. Und das geschieht nicht vor dem großen Gefährtentag. Bis dahin haben wir Zeit, uns im Unterricht in einem guten Licht zu präsentieren. Und die Ponys haben Zeit, uns neue Schüler kennenzulernen. Schließlich sollen wir zusammenpassen, ist doch klar. Wir werden mit unseren Gefährtenponys immerhin die gesamte Unterstufe verbringen. Von ihnen lernen wir alles!" Danas Augen beginnen mit einem Mal zu leuchten, als sie ihre Stimme senkt und über den Tisch raunt: „Ich hoffe ja so sehr, dass ich Henry bekomme. Er ist der Sohn von Estelle, müsst ihr wissen. Sie war das Gefährtenpony meiner Mutter, und sie soll eine großartige Stute gewesen sein. Meine Mutter schwärmt jetzt noch von ihr, und das passiert nicht alle Tage. Henry hat bestimmt ihre Gene geerbt."

Es dauert ein bisschen, bis Annie sich von Danas Wortschwall erholt hat.

„Wie? Soll das heißen, wir haben bis zu diesem Dingsbumstag … ähm … Gefährtentag nur Mathe?", fragt sie geknickt.

„Ach, so schlimm wird es schon nicht werden", meint Frida und tippt auf den Stundenplan.

Als Annie den Zettel überflogen hat, krabbelt ein breites Lächeln auf ihr Gesicht. Sogar die Sommersprossen auf ihrer Nase grinsen.

„Der ist ja ponytastisch!", jubelt sie.

Klar, sie haben Mathe und anderen Schulkram. Aber sie haben auch Schulfächer, die Annies Herz höherschlagen lassen. Wie die vielen Doppelstunden Reiten.

Montag	Dienstag	Mittwoch	Donnerstag	Freitag
Mathe	Eselsophie	Sprachen	Deutsch	Ponylogie
Deutsch	Mähnen-Huf & Fellpflege	Reiten	Weltkunde	Sprachen
Sprachen	Sattelkunde	Reiten	Mähnen-Huf & Fellpflege	Geschichte der Ponys
Sport	Reiten	Mathe	Reiten	Eselsophie
Sport	Reiten	Stallkunde	Reiten	Reittheorie

Dana hingegen stöhnt: „Ist doch klar. In Trippelwick werden ja leider auch blutige Anfänger aufgenommen. Und bis die sattelfest sind, haben wir stinknormalen Reitunterricht. Total langweilig, wenn ihr mich fragt. Erst danach findet der Gefährtentag statt, und es beginnt die wahre

Ponyflüsterausbildung. Mit unseren eigenen Gefährtenponys."

Mit einem Mal spürt Annie ein nervöses Ziehen im Bauch. Was ist, wenn sie in Trippelwick eine genauso miese Schülerin wird wie in ihrer alten Schule? Wenn man es genau nimmt, kennt sie sich mit Ponys ja noch gar nicht aus. Und reiten kann sie obendrein nicht. Sie ist also genau so eine blutige Anfängerin, von der Dana gesprochen hat. Ach was, sie ist die blutigste überhaupt!

Tille hingegen zeigt sich von Danas Worten völlig unbeeindruckt. Auch sie kann noch nicht reiten, aber ihr scheint das völlig egal zu sein. Sie interessiert sich bloß für eine Sache.

„Was denkt ihr? Lernen wir im Fach Sprachen auch Einhornisch?"

Das ist eindeutig zu viel für Dana. Wie ein wild gewordener Terrier springt sie auf und kläfft: „Für so einen Unsinn habe ich keine Zeit. Ihr habt gehört, was Miss Nelson gesagt hat. Ich will auf keinen Fall unpünktlich sein. Immerhin will ich Henry haben, und den kriegt man nur, wenn man *die Beste* ist. Also, bis später!"

Dana stolziert davon, und Tille guckt ihr verblüfft hinterher.

„Kein Wunder, dass sie keine Einhörner kennt. Sie ist viel zu verbissen. Das können Einhörner nicht leiden", sagt sie und guckt dabei so verpeilt, dass Frida kichern muss. Auch Annie kann nicht anders. Sie stimmt in Fridas Lachen ein. Schon ist das doofe Bauchzwicken verpufft und macht wieder dem schönen Brausepulverkribbeln Platz, das sie seit dem Ponybrief im Bauch hat. Es wird schon alles gut gehen, denkt sie. Immerhin hat ja auch sie die Gabe. Wie alle anderen in Trippelwick. Und den Rest wird sie bestimmt lernen.

Pofu und Posei

Zum Glück vergeht Miss Nelsons Unterricht wie im Flug. Und so streng, wie Annie befürchtet hat, ist sie auch nicht. Fröhlich verlässt Annie mit den anderen Schülern das Klassenzimmer. Als Nächstes steht das Fach Sprachen auf dem Stundenplan. Das wird in der Bibliothek der Villa unterrichtet. Doch vorher haben sie große Pause.

Annie folgt den anderen nach draußen. Auf den Gängen ist jetzt ordentlich was los. Und so lüftet sich auch das Geheimnis der grasgrünen Teppiche. In der Ponyschule scheint es nämlich völlig normal zu sein, dass auch Ponys und Pferde durch das Internatsgebäude traben. Staunend sieht Annie zu, wie eben eine Gruppe Schüler ein Klassenzimmer verlässt, gefolgt von ihren Gefährtenponys. Sie traben schwatzend rüber zum Speisesaal und lassen sich Frau Semmelbrots Pausenbrote und Pausenäpfel schmecken.

Viele andere Schüler hingegen nutzen das schöne Wetter und toben mit ihren Gefährtenponys draußen auf dem großen Reitplatz. Als Annie den Platz betritt, entdeckt sie zwischen den vielen Hufen einen gigantischen Gummiball. Er ist fast so groß wie die Ponys selbst. Mit vollem Eifer jagen sie dem Ball hinterher.

„Spielen die etwa Fußball?“, wundert sie sich.

„Klaro“, kräht Pablo dicht hinter ihr. Er grinst von einem Ohr zum anderen. „Wenn wir unsere Gefährtenponys haben, spielen wir auch Pofu. Stimmt's, Niklas?“

Niklas grinst. „Na, Posei bestimmt nicht“, quakt er.

Annie runzelt die Stirn. Was Pofu ist, kann sie sich grade

noch zusammenreimen: Ponyfußball. Aber was ist dann Posei? Ponyseiltanz? Ponyseifenkistenrennen? Ponyseilbahn? Hä?

Zum Glück ist Dana genauso ratlos. Sie weiß eben doch nicht alles über Trippelwick, und das scheint sie ordentlich zu wurmen.

„Was ist Posei?“, faucht sie prompt.

„Na, das da“, antwortet Niklas und zeigt auf den Waldrand.

Gleichzeitig recken Annie, Frida, Tille und Dana die Köpfe. Zwischen den Baumwipfeln sehen sie ein riesiges Seil durch die Luft wirbeln. Die beiden Marmorkuchenjungs schauen sich an.

Niklas rümpft die Nase. „Ponyseilspringen ist so was von der Mädchensport!“ Er zieht Pablo am Ärmel. „Komm, wir gehen rüber zu den Pofus. Vielleicht brauchen sie ja zwei Ersatzspieler.“

Die beiden machen kehrt. So entgeht ihnen, was im nächsten Moment passiert: Zwischen den Bäumen, dort wo das Seil tanzt, segelt plötzlich ein Pony mitsamt Reiterin durch die Luft. So elegant und hoch, dass selbst Dana der Mund offen steht.

„Wow!“, raunen die vier Mädchen im Chor. „Posei ist cool!“

Pablo und Niklas lachen aus der Ferne. „War ja klar, dass ihr das sagt!“

„Wenn das Mädchensport ist, finde ich das völlig in Ordnung“, ruft Dana.

„Ich auch“, kichert Frida.

„Und ich erst“, sagt Tille.

Annie grinst. „Kommt, wir sehen uns Posei mal aus der Nähe an.“

Das machen sie auch. Gemeinsam gehen sie hinüber zum Springplatz. Fasziniert sehen sie zu, wie die Schüler mit ihren Ponys abwechselnd pfeilschnell unter einem langen, schwingenden Seil durchgaloppieren oder atemberaubend hoch darüberspringen. Die Kinder und die Ponys sehen dabei so glücklich aus, dass Annie mit einem Mal versteht, warum diese Gefährtensache so wichtig für Trippelwick ist. Die Schüler und ihre Ponys spielen und quatschen miteinander, als wären sie beste Freunde. Nein, es *sind* beste Freunde. Sogar noch mehr. Es sind Gefährten! Und die passen zusammen wie zwei Puzzleteile.

Bei dem Gedanken wird Annie ganz warm ums Herz.

„Ich will auch ein Gefährtenpony haben", seufzt sie träumerisch.

Und dieses Mal widerspricht niemand. Nicht einmal Dana.

Professor mit Streifen

Die Schulglocke schrillt, und alle Kinder laufen zurück in die Villa. Viele Ponys traben in den Stall. Wie es scheint, sind sie nicht ständig beim Schulunterricht dabei. Was irgendwie klar ist, denkt Annie. Welches Pony will schon Mathe lernen?!

Mithilfe von Miss Nelsons Lageplan finden sie schnell in die Bibliothek. Die befindet sich im Erdgeschoss der Villa zwischen den beiden Türmen der Pferdeflüsterer. Als sie den riesigen Raum betreten, sehen sie sich neugierig um. Die Wände sind voller Bücher, und in der Mitte stehen kleine Tischchen. Weiter hinten befindet sich ein alter, riesiger Wintergarten. Inmitten von Blumen und Pflanzen sind Stühle aufgebaut. Annie und die anderen nehmen darauf Platz. Als die Bibliothekstür aufschwingt, hört Annie Hufgetrappel. Im nächsten Moment sieht sie auch schon Streifen. Schwarze und weiße. Dazwischen baumelt ein roter Schal. Annie blinzelt. Vor ihr steht ein Zebra. Ja, tatsächlich! Ein Zebra, mitten in der Bibliothek!

„Willkommen in Trippelwick!", quiekt es. „Ich bin Mizter Mungumu, euer Sprachenlehrer. Ich unterrichte die wichtigzten Fremdsprachen für Ponyflüzterer und Pferdeflüzterer. Davon gibt ez drei! Ihr dürft gleich mal raten, welche daz zind. Spitzt eure Lauscher!"

Aufgeregt beugt sich Frida zu Annie rüber. „Träume ich? Es unterrichten wirklich Ponys und Pferde hier?!"

„Und wie es scheint auch Zebras", kichert Annie verblüfft.

Der gestreifte Professor macht inzwischen sehr seltsame Geräusche. Sie klingen, als würde er rückwärts lachen und dazu quieken.

Hahihahiuihahi! Als er fertig ist, fragt er: „Na? Waz war daz für eine Sprache?“

Die Kinder sehen sich ratlos an. Die Marmorkuchenjungs grinsen. „Meerschweinisch?“, feixen sie.

Mister Mungumu schnaubt. „Tut mir leid, Jungz, weit gefehlt. Daz war *Guten Tag* auf Zebraisch!“

Ein Raunen geht durch die Reihen. Dann legt der Professor aufs Neue los. Dieses Mal streckt er den Kopf weit vor und schreit, als hätte er einen Dudelsack im Bauch: „*Aaahiaaahiaaahi!*“

Die Kinder aus der ersten Reihe halten sich erschrocken die Ohren zu.

Nur Frida hebt pfeilschnell die Hand.

„Eselisch“, ruft sie, und Mister Mungumu nickt zufrieden.

„Jetzt kommt die letzte Fremdsprache. Ich bin gespannt, ob ihr zie erratet. Zie izt zehr schwierig.“ Konzentriert schließt der Professor die Augen. Dann reißt er sie wieder auf und runzelt die Stirn, bis sich seine Streifen auf dem Kopf zu einem Knäuel drehen. So, als hätte der Professor ein Vogelnest zwischen den Ohren.

Annie muss sich zusammenreißen, um nicht laut loszugackern. Sie will schließlich eine gute Schülerin in Trippelwick sein! Doch als der Professor auch noch ein seltsames Gurgeln von sich gibt, kann sie nicht anders. Sie prustet los. Den anderen ergeht es nicht besser. Die halbe Klasse wiehert vor Lachen, während der Professor gurgelt, brummt und knurrt, als hätte er einen alten Knattermotor verschluckt. *Wrraaahahr-wrahra!*

Nur Tille ist ganz still. Ihre Augen glänzen, und sie flüstert: „Ich weiß, welche Sprache das ist. Es ist Einhornisch, nicht wahr?"

Das Gelächter erlischt, und der Professor quiekt überrascht. „Oho, oho! Du bizt die Erzte, die daz weiz. Hazt du etwa schon mal ein Einhorn getroffen?"

Tille schüttelt den Kopf, ihre langen Elfenhaare baumeln wie Spinnweben im Wind.

„Wie kannzt du ez dann wizzen? Die wenigzten erlernen dieze Sprache. Daz liegt daran, dazz Einhörner immerzu ihre Ruhe haben wollen. Zie leben hoch oben in den Bergen und zind zehr eigenzinnig. Kaum jemand bekommt je die Gelegenheit, mit einem zu sprechen."

Tille zuckt mit den Schultern. „Ich weiß es einfach", sagt sie und scheint einen Moment lang zu überlegen. Dann gurgelt sie los, brummt und knurrt, als hätte auch sie einen alten Knattermotor verschluckt.

Annie reißt vor Staunen die Augen auf. Die anderen Kinder sind ebenfalls mächtig beeindruckt.

Als Tille fertig ist, strahlt sie über das ganze Gesicht und ruft: „Heiliges Einhorn! Ich kann also Einhornisch?! Und meine Eltern dachten immer, ich hab Dauerhusten."

Alle lachen. Nur Dana ist ganz kleinlaut geworden. Sie presst die Lippen aufeinander und sagt kein Wort. Wie es scheint, kann sie es gar nicht leiden, wenn jemand besser ist als sie.

Dann lässt der Professor sie paarweise üben. Sie sollen die wichtigsten Begrüßungsformeln in den drei Sprachen aufsagen.

Annie und Frida amüsieren sich königlich. Alles klingt ziemlich albern bei ihnen. Auch die anderen haben mächtig Spaß. Als es zur Pause läutet, sind sich alle einig: Mister Mungumu ist klasse! Sogar Dana hat aufgehört zu nörgeln.

„Glaubst du mir jetzt, dass es Einhörner gibt?“, will Tille von ihr wissen, als sie die Bibliothek verlassen.

Dana brummt und knurrt, als wäre sie selbst ein Einhorn.

„Glauben tue ich es erst, wenn ich eines sehe.“

Tille grinst. „Okay, damit kann ich leben. Wenn es so weit ist, werde ich dich daran erinnern.“

Endlich im Sattel

In den anderen Schulstunden geht es genauso ponytastisch zu.

In Sport haben sie Mister Appaloosa, ein waschechtes Cowboypferd. Er kommt aus dem Wilden Westen und ruft ständig: „*Yeehaw!*"

Eselsophie wird von einem echten Esel unterrichtet. Er wohnt im Waldpavillon und heißt Professor Zen.

In Mähnen-, Huf- und Fellpflege haben sie Miss Haflinger. Sie nimmt ihr Fach besonders genau. Schon am ersten Tag bekommen sie eine Hausaufgabe: Die Schüler müssen sich gegenseitig die Haare bürsten, damit sie lernen, nicht an der Mähne der Ponys zu ziepen.

Niklas und Pablo stöhnen entsetzt. „Aber wir sind doch Jungs!", jaulen sie.

„Na und", schnaubt Miss Haflinger unbeeindruckt. „Auch Jungs müssen sich die Haare kämmen, oder etwa nicht?“

Aber nicht nur Vierbeiner unterrichten in Trippelwick. Natürlich haben sie auch menschliche Professoren, wie Springlehrer Tschamp. Er unterrichtet Sattelkunde und gilt als der beste Springreiter von Trippelwick.

Die beste Dressurreiterin hingegen ist Emilia Balleria. Sie will Madam Balleria genannt werden und unterrichtet die Ponyschüler in den Doppelstunden Reiten. Als sie die hibbeligen Erstklässler zum ersten Reitunterricht abholt, kann Annie es kaum noch erwarten. Wie wird es sich anfühlen, auf einem Ponyrücken zu sitzen?

Neugierig sieht sie sich um, als sie die Stallungen erreichen. Es gibt drei davon: Im Ponystall wohnen die Gefährtenponys der Ponyschüler. Im Pferdestall sind die Gefährtenpferde der Pferdeschüler untergebracht. Und im Lehrerstall leben die Pferdelehrer der Schule, sogar der Ponydirektor höchstpersönlich.

„Nur in Notfällen ist es euch erlaubt, den Pferdestall und den Lehrerstall zu betreten“, bläut ihnen Madam Balleria ein. „Euer zweites Zuhause wird in Zukunft hier sein." Damit öffnet sie das große Holztor des Ponystalls.

Sofort werden alle mucksmäuschenstill. Selbst die Marmorkuchenjungs geben Ruhe. Nicht nur weil Madam Balleria mit ihrem Dutt und der langen Reitgerte, die sie ständig unterm Arm klemmen hat, fürchterlich streng aussieht. Es ist vor allem, weil niemand einen schlechten Eindruck bei den Ponys hinterlassen will. Schließlich wünscht sich jeder von ihnen nichts sehnlicher, als ein tolles Gefährtenpony abzubekommen. Auch Annie.

Begeistert sieht sie sich um. Der Stall ist groß und hell, und es riecht herrlich nach Heu. Die Ponys leben nicht in Boxen, sondern können sich frei bewegen und jederzeit auf die Weide gehen, wenn sie wollen. Viele von ihnen dösen draußen auf dem Paddock in der Herbstsonne. Ein paar rupfen Heu in den Heunetzen. Alle sehen total niedlich aus. Ob eines davon vielleicht schon ihr Gefährtenpony ist?

Annie geht vorsichtig ein paar Schritte näher. Ihr Blick bleibt an einem der Ponys kleben. Es ist nicht nur niedlich, es ist wunderschön. Es hat schwarzes Fell, eine Sternblesse und eine silberne Mähne. Und den liebsten Blick, den man sich nur vorstellen kann. Auch das Pony hat Annie jetzt entdeckt. Verlegen gucken sich die beiden an.

„Hallo", flüstert sie.

„Auch hallo", murmelt das Pony und schnaubt leise.

Annies Herz hüpft vor Freude. Wie lieb dieses Pony ist! Und wie schön! Aufgeregt zupft sie an Fridas Ärmel. „Ist es nicht total süß?"

Doch es ist nicht Frida, die antwortet, sondern Dana.

„Oh ja, ist Henry nicht außergewöhnlich schön? Seine Fellfarbe ist total selten. Es gibt nur ganz wenige solcher Schokolade-Palominos! Er wird wunderbar zu mir passen, findest du nicht?“

Annie schnappt entsetzt nach Luft. Das ist Henry?! Oh nein!

Für einen winzig kurzen Augenblick hat sie gedacht, der schwarze Ponywallach mit der Silbermähne könnte vielleicht ihr Gefährtenpony werden. Da war so ein Gefühl … als ob tausend Schmetterlinge in ihrem Bauch tanzten. Doch das ist weg, als Dana ruft: „Madam Balleria, kann ich heute Henry reiten? Biiiittteee!“

Zu Annies Freude schüttelt die Reitlehrerin den Kopf.

„Keine Sonderwünsche“, donnert sie. „Es ist übrigens auch verboten, die Ponys vor dem Gefährtentag zu beeinflussen oder sie zu bestechen. Schon gar nicht mit Popflis, hört ihr?!“

Schon wieder diese Popflis, denkt Annie. Was auch immer das ist, sie müssen sehr wichtig sein, wenn ständig alle darüber reden. Aber fragen will sie die Reitlehrerin lieber nicht, denn die schmettert schon wieder: „Nur Ponys allein dürfen entscheiden, wen sie zum Gefährten haben wollen. Sie spüren sehr schnell, wer zu ihnen passt. Diese Verbindung ist überaus wichtig für eure Ausbildung. Euer Gefährtenpony versteht euch so gut wie kein anderes. Schon bald werdet ihr merken, dass ihr manche Pferde und Ponys noch gar nicht versteht. Das ist völlig normal. Es dauert vier Jahre, bis man ein richtiger Ponyflüsterer ist. Und noch mal so viel, bis man ein richtiger Pferdeflüsterer ist. Bis die Ponys ihre Wahl treffen, teile ich sie für euch ein." Madam Balleria blickt auf Dana. „Und du nimmst heute den Schecken dort."

„Den Miniklops?", stöhnt Dana entsetzt.

Madam Ballerias Augen werden eisig. „Sein Name ist *Fliederfloh*. Und wenn dir ein Shetlandpony nicht passt, musst du eben zu Fuß gehen", sagt die Reitlehrerin knapp.

Annie kichert leise, als sie Danas Zitronengesicht sieht. Geschieht der Angeberin nur recht!

Danach verteilt Madam Balleria die Ponys auf die restlichen Schüler. Annie hofft natürlich auf Henry. Doch auch sie bekommt ein anderes Pony zugeteilt.

Die, die schon reiten können, helfen den anderen beim Satteln. Frida zeigt Annie, worauf sie achten muss. Und Annie versucht, sich alles zu merken. Als ihre Freundin dann auch noch erklärt, wie man einem Pony das Zaumzeug anlegt, schwirrt ihr der Kopf. Von Trense, Zügel und Kehlriemen hat sie noch nie gehört.

Endlich sind sie fertig, und Annie setzt sich den Reithelm auf. Auch sie hat einen *Miniklops*

bekommen. Doch im Gegensatz zu Dana ist sie heilfroh über ihr kleines, braves Pony. Denn als sie die ersten Runden in der Reithalle dreht, merkt sie schnell, dass Reiten eine ziemlich wackelige Angelegenheit ist. Und als sie dann noch antraben soll, plumpst Annie mit Karacho in den Sattel, und das Pony muss laut pupsen, *pftbröööö!*

Prompt hört sie Dana hinter sich schallend lachen.

„Tut mir leid", murrt das Pony. „Aber wenn du mir so in den Rücken plumpst, kann ich nicht anders." Und wieder pupst es.

Annie stöhnt auf. Hoffentlich hat Henry das nicht mitgekriegt. Er trabt gerade mit Marie aus dem Purpurzimmer am anderen Ende der Halle ein paar Kreise, und die sehen richtig gut aus.

Unsicher blickt sich Annie um. Alle stellen sich viel geschickter im Sattel an als sie. Frida ist richtig gut. Sogar Tille sitzt halbwegs grade. Und Dana? Oh nein! Ausnahmsweise hat sie nicht übertrieben. Sie ist mit Abstand die beste Reiterin von allen. Bestimmt werden sich die Ponys am Gefährtentag um sie reißen, denkt Annie bitter und verliert prompt ihren Steigbügel.

„Kannst du mal kurz anhalten?“, bittet sie ihr Pony.

Sofort rammt der Miniklops die Hufe in den Sand und bleibt stehen. Zu plötzlich für Annie. Wie in Zeitlupe kullert sie aus dem Sattel und landet auf dem Boden. Auch das noch!

Madam Balleria eilt auf sie zu. „Hast du dir wehgetan?“

Annie klopft sich den Sand von der Reithose und schüttelt den Kopf.

„Ich nehme dich trotzdem besser an die Longe. Nur zur Sicherheit.“ Die Reitlehrerin holt eine lange Leine, die sie am Reithalfter des Ponys befestigt. Dann hilft sie Annie beim Aufsitzen und bittet das Pony, im Kreis zu laufen. Madam Balleria hält die Longe und achtet darauf, dass Annie nicht noch einmal runterpurzelt. Und als wäre das nicht schon schlimm genug, sagt sie auch noch: „Sieh mal deiner Mitschülerin zu, wie sie das macht!“ Sie nickt auf Dana, die grade mit dem strampelnden Fliederfloh um die Kurve trabt. Das arme Pony schwitzt heftig, und ein Blick genügt, um zu wissen, wie sehr er es hasst, von Dana so durch die Reithalle gejagt zu werden. Dennoch muss Annie zugeben, dass Dana total elegant aussieht. Sogar auf dem pummeligen Fliederfloh.

„Siehst du, wie ruhig sie im Sattel sitzt?“, fragt Madam Balleria. „Beim Reiten darfst du das Pony in seiner Bewegung nicht stören. Lass dich einfach mittragen, sonst ist es für das Pony unangenehm. So, als hätte es einen zappelnden Rucksack auf seinem Rücken.“

Dana lächelt selig, während sie vorüberschwebt.

Annie hingegen ist die Lust aufs Reiten vorerst vergangen. So hat sie sich ihre erste Reitstunde nicht vorgestellt.

So ein Brokkoli!

Kissen flüstern nicht

Als die Reitstunde vorbei ist, hat Annie richtig miese Laune. Alle anderen jedoch sind überdreht vor Glück. Sie reden nur noch davon, welches wohl ihr Gefährtenpony werden könnte.

Annie sagt lieber gar nichts. Sie hört nicht mal zu, während ihre Freundinnen alle munter durcheinanderquatschen.

„Was ist denn los?“, will Tille nach einer Weile wissen.

„Na ja, ich bin die Einzige gewesen, die runtergefallen ist“, murmelt Annie.

„Das heißt noch lange nichts“, versucht Frida sie zu trösten. „Weißt du, wie oft ich schon von Schorsch geplumpst bin?“

„Kann sein, aber ich bin auch die Einzige gewesen, die an die Longe musste.“ Dass die Reitlehrerin sie obendrein mit einem zappelnden Rucksack verglichen hat, behält Annie lieber für sich. Sie fühlt sich auch so schon mies genug.

„Ach, das lernst du doch noch alles“, sagt Frida und hakt sich bei ihr unter. „Mach dir deswegen keinen Kopf. Am Anfang ist das völlig normal.“

„Meinst du?“, fragt Annie unsicher.

„Na ja“, sagt Dana und lächelt schmal. „Ehrlich gesagt ist Reiten schon sehr schwierig. Du solltest dir keine falschen Hoffnungen machen. Manche brauchen Jahre, bis sie sich halbwegs im Sattel halten können. Und manche lernen es nie … Damals bei meiner Mutter war auch ein Mopf dabei.“

„Ein Mopf?“, fragt Annie. „Was ist denn das?“

Danas Augen blitzen, als sie ihr verschwörerisch antwortet: „Ein Mopf ist ein Mensch ohne Pferd. Also ein Schüler, der beim Gefährtentag kein Pony bekommt.“

„So was gibt es?“, wundert sich Tille.

Dana nickt. „Klar! Immer wieder, nur erzählen sie uns Erstklässlern nichts davon, weil sie uns keine Angst machen wollen. Wobei *mir* so was natürlich nie passieren wird. Mir liegt das Reiten einfach im Blut." Sie lächelt zufrieden. „Ein Mopf hingegen muss Trippelwick sofort verlassen. Ohne Gefährtenpony keine Ausbildung. Du solltest dich also besser anstrengen, wenn du mich fragst."

„Toll, genau das wollte ich wissen", murrt Annie und stapft davon.

Tille und Frida laufen ihr hinterher.

Dana hingegen schlendert gemütlich weiter. „Wenn's doch wahr ist. Henry kriegt man eben nur, wenn man die Beste ist. Merk dir das."

Sanft scheint der Mond ins oberste Zimmer des Südturms und lässt die Wände türkisblau schimmern. Es ist spät geworden. Draußen ist es längst dunkel, und alle schlafen. Nur Annie nicht. Seit Stunden grübelt sie vor sich hin. Brokkoligedanken quälen sie, und die sind nicht schön. Was, wenn Dana recht hat? Was, wenn sie nie Reiten lernen wird? Was, wenn sie ein Mopf bleibt?

Sprich mit deinem Herzen zu Pferden, und du wirst Pferdeflüsterer werden, hat Direktor Hillbatten am ersten Schultag zu ihnen gesagt.

Und Annies Herz ist auch nicht das Problem. Bisher hat sie noch jedes Pony verstanden, weil sie sie einfach über alles liebt. Nur … wird das reichen?

In Gedanken sieht sie sich schon aus Trippelwick abreisen, während alle anderen mit ihren Gefährtenponys durch die Landschaft preschen. Allen voran Dana mit Henry. Die Vorstellung ist so schlimm, dass Annie am liebsten laut losschreien würde. Schnell zieht sie sich das Kissen über den Kopf und schluchzt in die Federn: „Das ist alles so ein Riesenbrokkoli!" Eigentlich hat sie gehofft, dass in dieser Schule alles besser werden würde. Aber wie es scheint, ist sie auch hier eine Niete.

„Igitt, Brokkoli!"

Annie erstarrt. Was war denn das für eine Stimme? Hastig taucht sie unter dem Kopfkissen hervor. Im Zimmer ist niemand außer Frida, Tille und Dana. Die drei schlafen tief und fest, Dana schnarcht sogar ein bisschen, sonst ist nichts zu hören. Woher ist die Stimme überhaupt gekommen? Sie war so nah! Als hätte jemand in ihr Ohr geflüstert. Oder in ihr Kissen. Aber Kissen flüstern nicht.

Annie fröstelt. Kann es sein, dass sie vor lauter Brokkoligedanken schon Brokkoli im Kopf hat? Das würde ihr gerade noch fehlen!

Da hört sie es schon wieder: „Bist du noch da?"

Annies Herz beginnt zu rasen. Die Stimme klingt so echt, so etwas kann man sich nicht einbilden! Es muss eine logische Erklärung dafür geben! Hastig setzt sie sich auf und blickt sich um. Kommt die Stimme aus der Wand neben dem Nachtkästchen? So hat es sich jedenfalls angehört. Annie tastet das Holz in der Dunkelheit ab. Als sie daran zieht, kracht ihr glatt die Vertäfelung entgegen. Dahinter kommt ein Loch zum Vorschein, und in dem Loch ist so eine Art Trichter eingebaut.

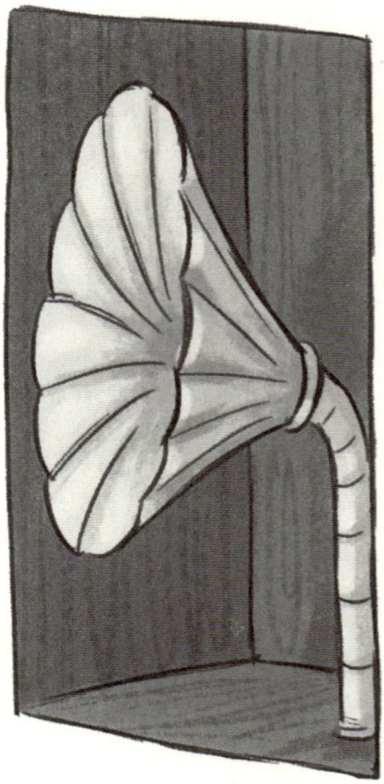

„Hallo?", tönt es nun lauter aus dem Trichter. „Ich wollte

nur ein bisschen quatschen, weil ich nicht schlafen kann."

Annies Herz macht einen Satz.

„Ich auch nicht", murmelt sie verdattert und beruhigt sich ein wenig. Die Stimme klingt gar nicht nach einem Geist. Sie klingt einfach sehr nett. Ein bisschen tiefer, eher wie die von einem Jungen. Gehört sie vielleicht Pablo? Oder Niklas!

Sie will fragen, doch dann sagt die Stimme: „Was meintest du denn vorhin mit dem Brokkoli? Isst du den etwa gern?"

„Nö", kichert Annie und kuschelt sich zurück ins Kissen. So kann sie bequem in den Trichter sprechen, als wäre er genau dafür gemacht. Wie ein Sprachrohr. „Ich mag Brokkoli überhaupt nicht …", erklärt sie, „und deshalb geht es mir gerade ja auch so, als hätte ich Berge davon gegessen. Weil … na ja … " Sie stockt verlegen. Kann sie der Stimme aus dem Sprachrohr vertrauen? Sie weiß doch gar nicht sicher, wer am anderen Ende dran ist. Andererseits sieht man durch das Sprachrohr auch nicht, wer sie ist. Also hat sie nichts zu befürchten, solange sie nicht zu viel von sich verrät. Es muss nicht die ganze Schule wissen, dass sie Angst davor hat, ein Mopf zu werden.

„Es ist … wegen der Sache mit dem … Gefährtentag“, gibt sie vorsichtig zu.

„Oh ja“, stöhnt es prompt aus dem Sprachrohr. „Ich weiß genau, was du meinst!“

„Ehrlich?“ Überrascht hält Annie inne. Eigentlich hatte sie gedacht, die Stimme würde sie auslachen oder sie glatt für feige halten. Doch stattdessen sagt sie: „Ich frage mich schon die ganze Zeit, ob ich überhaupt gut genug für den Gefährtentag bin. Was ist, wenn ich das alles gar nicht kann? Wenn ich total versage?“ Die Stimme macht eine Pause. „Du hast schon recht, ganz schön Brokkoli, das alles!“

Annie seufzt erleichtert. Es tut gut, mit jemandem darüber zu reden, dem es genauso geht. Sie kuschelt sich noch mehr in ihr Kissen und murmelt: „Und ich habe total Angst davor, dass mich am Gefährtentag keiner mag und ich dann die Schule verlassen muss.“

„Also das passiert bestimmt nicht“, sagt die

Stimme prompt. „Du klingst so nett, dich mag jeder!“

Ein warmes Prickeln durchströmt Annie. „Danke“, flüstert sie. „Jetzt fühle ich mich schon besser.“

„Seltsam, ich auch“, wundert sich die Stimme. „Ist schön, mit dir zu quatschen.“

Annie lacht. „Finde ich auch!“ Dann muss sie plötzlich herzhaft gähnen.

Die Stimme aus dem Trichter klingt ebenfalls müde. „Ich glaube, ich geh jetzt besser schlafen. Aber ich hoffe, wir hören uns wieder? Also, bis bald?“

„Ponytastisch“, haucht Annie, während ihr die Augen zufallen.

Möhrentrudes wunderliche Eisbecher

In den nächsten Tagen hat Annie kaum Zeit, über das geheimnisvolle Sprachrohr nachzudenken. Die Lehrer halsen den Kindern Berge von Hausarbeiten auf. Annies Kopf qualmt gewaltig. Sogar Dana nimmt den Mund nicht mehr so voll, auch sie muss büffeln. Abends sind die Mädchen so müde, dass sie sofort einschlafen. Die Stimme aus dem Sprachrohr schweigt ebenfalls. Seit jenem Abend hat Annies Kissen jedenfalls nicht mehr geflüstert. Dabei rückt der große Gefährtentag näher und näher.

Eine seltsame Stimmung breitet sich in den Tagen davor in Trippelwick aus. Nicht nur die Erstklässler sind schrecklich aufgedreht. Auch alle anderen Schüler, Ponys und Pferde scheinen mitzufiebern. In den Gängen klatschen sie ihnen oft auf die Schulter oder rufen: „Wir drücken die Hufe!"

Das ist zwar supernett, aber es macht Annie gleichzeitig schrecklich nervös. Ob es der Stimme aus dem geheimnisvollen Sprachrohr auch so geht? Gern hätte sie wieder mit ihr gesprochen, dann hätte sie sich mit ihren Zweifeln nicht so alleine gefühlt.

In der großen Pause wirft sie Pablo und Niklas oft neugierige Blicke zu. Das scheinen die Marmorkuchenjungs jedoch völlig falsch zu verstehen. Im Gang hört Annie nämlich, wie Niklas zu Pablo sagt: „Ich glaub, Annelie ist total verschossen in dich. Die grinst dich so komisch an."

„Quatsch! Siehst du nicht, wie sie *dich* anguckt?", kräht Pablo und verzieht das Gesicht zu einem frechen Grinsen. „Soll ich schon mal die Hochzeitsglocken für euch läuten?"

„Wäh!", schreit Niklas und zieht Pablo schnell weg.

Als sich Frida darüber wundert, wird Annie knallrot im Gesicht. Später in Mathe will ihre Freundin wissen: „Was haben die Marmorkuchenjungs denn vorhin für ein Problem gehabt?"

Weil Miss Nelson gerade eine schrecklich lange Multiplikation an die Tafel kritzelt und in ihrem Matheuniversum versunken ist, können die zwei ungestört tuscheln. Also erzählt Annie von ihrer Entdeckung.

„Seltsam. Das klingt nach einem alten Telefonsystem", murmelt Frida, als wäre sie Sherlock Holmes höchstpersönlich. „Und es war sicher ein Junge?"

Annie nickt.

Ihre Freundin überlegt. „Aber Pablo und Niklas sind das bestimmt nicht. Ich glaube kaum, dass die zwei Muffensausen vor dem Tag der Entscheidung haben. Sie haben vorhin damit geprahlt, dass Mister Appaloosa sie in den Freistunden schon ohne Sattel reiten lässt."

„Auf wem denn?", flüstert Annie verwundert. Bisher hatten sie doch noch keinen Unterricht gemeinsam mit den Ponys. Na ja, bis auf die Doppelstunden Reiten. Aber Madam Balleria würde das Ohnesattelreiten vor dem großen Gefährtentag nie und nimmer gestatten.

Frida grinst von einem Ohr zum anderen.

„Na, auf unserem Sportlehrer höchstpersönlich", prustet sie in ihren Pulloverärmel.

Auch Annie muss sich nun den Mund zuhalten, um nicht laut loszugackern. Niklas und Pablo auf dem Rücken von Mister Appaloosa? Dem schwarzweiß getupften Cowboypferd? Das ist einfach zu komisch. Schon ist der Ärger über die Marmorkuchenjungs verraucht. Sollen die doch denken, was sie wollen! Wenn die geheimnisvolle Stimme aus dem Sprachrohr wirklich von einem von ihnen kam, bleibt das eben ihr Geheimnis.

Annie hat jetzt ohnehin anderes im Kopf. Bis zum großen Gefährtentag sind es nur noch wenige Tage. Ein Glück, dass sie im Reiten endlich Fortschritte macht. Gestern hat Madam Balleria sie zum ersten Mal von der Longe genommen, und sie ist allein durch die Halle galoppiert. Ohne dabei das Gleichgewicht zu verlieren. Langsam fasst sie wieder Mut, doch noch ein Gefährtenpony abzubekommen. Und wenn es bloß der kleine Fliederfloh ist.

„Hallo?! Hört mir überhaupt jemand zu? Auch Mathematik ist wichtig", ruft Miss Nelson plötzlich

und guckt so grimmig in die Klasse, dass die Kinder prompt aus ihren Tagträumen hochschrecken.

Annie und Frida sind nämlich bei Weitem nicht die Einzigen, die nicht aufgepasst haben. Tille hat versonnen Einhörner in ihr Heft gemalt. Dana murmelte ständig *Enryaben* vor sich hin, was bestimmt so viel wie *Ich will Henry haben* bedeutet. Zelda Ackermann aus dem gelben Zimmer hat auf ihrem Stuhl das Galoppieren geübt. Und Tobias Brengi und Max Stoig, die beiden anderen Jungs aus dem Silberzimmer, haben mit den Marmorkuchenjungs eine Runde

Tisch-Pofu gespielt, wobei der Radiergummi der Ball war.

„Gehen Sie doch mit den Kindern ins Dorf", schlägt Frau Semmelbrot vor, als sie neue Tafelkreide ins Klassenzimmer bringt. „Möhrentrudes Eisbecher haben so kurz vor dem Gefährtentag schon wahre Wunder bewirkt."

„Vielleicht haben Sie recht", seufzt Miss Nelson verdrossen. „Es ist ohnehin an der Zeit, dass ihr das Dorf kennenlernt. Vielleicht sollte ich mit euch einen Ausflug machen?"

Plötzlich sind alle hellwach. Ein Ausflug ins Dorf klingt himmlisch. Richtig toll soll es dort sein! Die älteren Trippelwick-Schüler reiten oft nachmittags mit ihren Ponys dorthin und kommen danach vollbepackt und gut gelaunt zurück. Obendrein kann ein Eisbecher niemals schaden. Flugs sind alle auf den Beinen.

Doch bevor es ins Möhrencafé geht, schleppt Miss Nelson die Klasse zuerst zu Hufschmied Trapp. Er wohnt gleich am Anfang des Dorfes in einem riesigen grauen Haus. Darin befindet sich auch seine Schmiede.

„Hier müsst ihr hin, wenn euer Pony neue Hufeisen braucht“, erklärt Miss Nelson und zeigt als Nächstes auf das blaue Haus gegenüber. „Und dorthin müsst ihr, wenn es krank ist.“

Der Tierarzt Doktor Fernando Ennimell schiebt den Kopf aus dem Fenster und ruft: „Oh, ich kriege endlich Besuch von den Neuankömmlingen. Ihr lahmt doch nicht etwa? Oder hat jemand von euch eine Kolik? Habt ihr etwa zu viel von Möhrentrudes Eisbechern verputzt?“

Die Kinder lachen. Sogar Miss Nelson wird tomatenrot im Gesicht und kichert, was seltsam ist. Bisher haben sie ihre Hauslehrerin noch nie kichern gesehen.

„Ich glaub, mich tritt ein Einhorn“, japst Tille. „Die Nelson ist voll in den Tierarzt verknallt.“

In der Tat scheint die Hauslehrerin mit einem Mal wie ausgewechselt. Ihre Stimme klingt drei Lagen höher, und ihr Uhublick ist viel freundlicher, als sie piepst: „Ich, ähm, zeige den Erstklässlern nur das Dorf!“

„Ach, das können sich die Kinder doch auch

alleine anschauen“, meint Tierarzt Ennimell. „Lassen Sie Ihnen den Spaß, die Popflis im Haferladen und Möhrentrudes wunderliche Eisbecher selbst zu erkunden, während wir zwei in der Zwischenzeit ein Käffchen trinken. Ich war schon seit Tagen nicht mehr oben in der Villa. Sie würden mir einen großen Gefallen tun, wenn Sie mir alle Neuigkeiten berichten! Dann spare ich mir die Fahrt, ich habe heute nämlich noch eine wichtige Operation vor mir.“

Miss Nelson lächelt selig. „Wenn das so ist“, säuselt sie.

Tierarzt Ennimell grinst zufrieden und deutet den Kindern an, dass sie sich getrost aus dem Staub machen können. Das lassen sie sich nicht zweimal sagen. Kaum ist Miss Nelson außer Sichtweite, flitzen sie auch schon los.

Aufgeregt zieht Annie Frida in den Haferladen. Auch Tille kommt mit. Und Dana leider auch. Als sie den Laden betreten, staunen sie nicht schlecht. Die Regale sind vollgestopft mit Halftern und Satteldecken in verschiedensten Farben, Bürsten, Kämmen, Mähnensprays, Führstricken …

aber von diesen Popflis keine Spur. Ratlos blicken sie sich um.

„Sucht ihr die Popfli-Abteilung?“, fragt Herr Kramer, der Besitzer des Haferladens.

Die Mädchen nicken.

Herr Kramer zeigt nach hinten, in einen anderen Raum. Der ist ebenfalls vollgestopft bis unter die Decke. Aber hier sind es gläserne Behälter, die in den Regalen stehen. Darin leuchten bunte Kekse in den herrlichsten Farben, als wären sie in der himmlischsten Süßigkeitenabteilung der Welt gelandet. Schon läuft Annie das Wasser im Mund zusammen.

„Kann man die essen?“, fragt sie.

„Wenn du ein Pony bist“, kichert Frida und zeigt auf ein Schild.

Dort steht: *Pony- und Pferdeleckerlis. Verwöhnen Sie Ihre Lieblinge mit Popflis, und sie werden Ihnen zu Füßen liegen.*

Lachend liest Annie die Schildchen unter den unzähligen Glasdosen. Jetzt begreift sie, warum Madam Balleria verboten hat, die Ponys mit Popflis zu bestechen. „Die können sogar was“, ruft sie erstaunt und zeigt auf eine Dose, in der sich kleine rote Herzchen befinden. „Die hier heißen *Herzschmeichler* und sind aus Roter Bete und Vanille. Wenn die Ponys die fressen, sollen sie dich plötzlich ganz doll mögen."

„Wie ein Liebestrank?" Frida kichert.

„So ein Unfug", murrt Dana sofort. „So was funktioniert doch gar nicht. Kein Leckerli kann das."

„Na ja, vielleicht haben sie einen ja einfach ganz doll lieb, weil ihnen die Kekse so gut schmecken", grinst Tille und zeigt auf eine andere Dose mit blau schimmernden Zuckerwürfeln. Daneben liegt ein Stapel Papiertüten. Tille greift sich eine Tüte und gibt eine Handvoll Würfel hinein. „Das ist *Zauberzucker.* Er soll jede Menge Magie verleihen", erklärt sie. „Und wenn nicht, haben mich die Ponys wenigstens zum Fressen gern."

Lachend greifen auch Annie und Frida zu. Die Popflis

sehen einfach zu verführerisch aus, wenngleich Dana vermutlich recht hat: Dass Leckerlis Ponys verzaubern können, ist ziemlich unwahrscheinlich. Aber schmecken tun sie bestimmt total gut, und hübsch sehen sie obendrein aus. Annie entscheidet sich für Popflis, die wie Blumen aussehen. Laut Schildchen sollen sie das Pony entspannen und ruhig traben lassen. Sie heißen *FriedeFreude-Haferkuchen*. Die kann Annie gut gebrauchen. So purzelt sie hoffentlich nie wieder runter.

Frida hingegen entscheidet sich für ziemlich seltsame grüne Keksbrocken. Sie heißen *Turbo*, und genau das sollen sie auch bewirken. Als Annie ihr einen fragenden Blick zuwirft, zuckt ihre Freundin mit den Schultern.

„Die sind für Schorsch, der ist manchmal einfach entsetzlich langsam."

„Und du?", fragt Annie, als plötzlich auch Dana eine gefüllte Papiertüte in ihren Händen hält.

Mit einem Mal wird die Angeberin knallrot.

„Nicht, dass ich Popflis nötig hätte", zetert sie. „Ich kaufe nur welche, um euch zu beweisen, dass die der totale Unsinn sind." Widerwillig öffnet sie die Papiertüte. Sie ist randvoll mit Herzschmeichler.

Annie ahnt sofort, für wen die bestimmt sind. Garantiert für Henry. Einen kurzen Moment lang ist sie eifersüchtig auf Dana, dann aber nickt sie. Das wunderschöne Pony wird sich ohnehin niemals für sie selbst entscheiden. Bestimmt hat es sich unter den Ponys längst herumgesprochen, wie ungeschickt Annie sich noch im Sattel anstellt. Und wie gut Dana. Damit wird sie sich abfinden müssen, auch wenn es wehtut. Aber zum Glück gibt es ja noch viele andere süße Ponys in Trippelwick. Eines wird hoffentlich schon dabei sein, dem sie ihre FriedeFreudeHaferkuchen-Popflis schenken kann.

Nachdem sie bezahlt haben, gehen sie weiter zum Hufeisensee. Dort befindet sich das Möhrencafé mit seinen berühmten Eisbechern. Als sie die anderen Kinder aus ihrer Klasse auf der Terrasse in der Herbstsonne entdecken, wird schnell klar, warum Möhrentrudes Eisbecher so heiß begehrt sind. Noch nie im Leben hat Annie derart riesige Eisbecher gesehen!

„Wer soll denn so viel Eis verdrücken?", stöhnt Marie, als sie an ihrem Tisch vorbeigehen. Sie ist schon ganz grün um die Nase, und trotzdem türmen sich noch unzählige Eiskugeln in ihrem Becher. „Ich hab erst drei Kugeln geschafft und jetzt schon Bauchweh! Außerdem sind manche Eissorten echt seltsam. Ich könnte wetten, diese Kugel hier schmeckt nach Hafer. Und diese da nach Gras."

Die Cafébesitzerin schwebt in einem knallorangefarbenen Kleid herbei. In ihrem Haar trägt sie ein grünes Band, und jetzt versteht Annie, warum sie von allen Möhrentrude genannt wird. Möhrentrude sieht eben aus wie eine übergroße Möhre.

„Na, Liebes!“, trällert die Cafébesitzerin besorgt. „Hast du denn die Eiskarte nicht richtig gelesen? Du hast dir den Gefährteneisbecher bestellt. Den isst man gewöhnlich mit seinem Gefährtenpony.“

Alle lachen. Sogar Marie muss kichern, nachdem sie sich vom Schreck erholt hat. Dann bestellen sich Annie, Frida, Tille und Dana ebenfalls ein Eis. Aber ein kleines. Denn zum Glück gibt es bei Möhrentrude auch Eisbecher für Menschen, und die schmecken richtig lecker!

Der große Tag

Und dann ist er da: der große Gefährtentag.

Schon am Morgen bricht ein hektisches Durcheinander aus. Alle Erstklässler sind schrecklich aufgedreht. Flora Eggstein aus dem Purpurzimmer hat beim Frühstück zwischenzeitlich einen hysterischen Lachanfall gekriegt, sodass Professor Zen herbeigerufen werden musste, um sie mit Eselsgeduld zu beruhigen. Iaaaohm!

Aber nicht nur Floras Nerven spielen verrückt. Auch die Marmorkuchenjungs sind beim Frühstück seltsam ruhig. Stattdessen überlegt Dana laut: „Was meint ihr? Welche Satteldeckenfarbe steht Henry besser? Eierschalengelb oder Apfelminzgrün?“

„Was hältst du von Miristdasschnurzbunt?“, knurrt Tille in ihren Kakao und ignoriert Danas wütendes Fauchen.

Annie und Frida schweigen lieber. Die beiden

sind mit den Gedanken ohnehin längst bei der Entscheidung. Während Annie hofft, sich bloß nicht zu blamieren, hat Frida neuerdings einen ganz anderen Wunsch. Bei der letzten Doppelstunde Reiten hat sie nämlich die hübsche Ponystute *Sturmtanz* kennengelernt.

„Sie ist nicht nur schön und rasend schnell. Sie heißt auch wie mein Traumpony! Wenn das kein Zufall ist?!", hat sie gehaucht und dabei gestrahlt wie ein Weihnachtsbaum.

Seitdem redet Frida von nichts anderem mehr als von Sturmtanz.

Annie kann sie gut verstehen. Sie träumt ja auch Tag und Nacht von Henry.

Dann endlich ist es so weit. Madam Balleria betritt die Villa, und unter dem Johlen der restlichen Schüler folgen die Erstklässler ihr in die Reithalle. Dort sind schon alle Ponys gesattelt und gezäumt. Sofort sucht Annie nach Henry. Er steht zwischen Fliederfloh und Sturmtanz und sieht ziemlich nervös aus. Kein Wunder, die Auswahlzeremonie ist schließlich auch für Ponys sehr bedeutend.

Wenn sie sich falsch entscheiden, müssen sie sich die nächsten Jahre mit einem Ponyflüsterer herumärgern, den sie gar nicht wollen. Obendrein ist es für Henry das erste Mal, dass er zum Gefährtenpony wird. Annie kann gut verstehen, dass er etwas angespannt unter seiner Silbermähne hervorguckt. Und deshalb fällt sie einen Entschluss: Sie will ehrlich zu ihm sein! Henry soll wissen, dass sie noch unsicher im Sattel ist. Und auch alle anderen Ponys sollen das wissen. Keinesfalls will sie lügen. Wahre Ponyfreundschaft beginnt mit Aufrichtigkeit!

Nun erklärt Madam Balleria die Regeln der Auswahl. „Wenn die Glocke erklingt, geht jede und jeder zu einem Pony. Nutzt diese Zeit, um euch noch mal ausgiebig kennenzulernen. Wenn die Glocke ein zweites Mal erklingt, ist eure Zeit um. Dann geht ihr zum nächsten Pony, so lange, bis alle Schüler und Ponys sich untereinander kennengelernt haben. Danach folgt die Entscheidung. Viel Glück!"

Madam Balleria klingelt mit der Glocke, und ehe Annie sich's versieht, ist Dana auch schon zu Henry gestürmt. In ihrer Hand leuchtet es verdächtig rot. Herzschmeichlerrot. So eine hinterhältige Ziege! Da meckert sie lautstark, dass Popflis total doof sind, und jetzt will sie Henry glatt bestechen! Wie unfair! Ob Annie sie verpetzen soll? Noch während sie überlegt, sind alle anderen Kinder längst zu ihren Lieblingsponys geflitzt. Nur der gutmütige Fliederfloh ist noch übrig. Oje, wenn sie nicht schnell in die Gänge kommt, ist die Zeit abgelaufen, und dann will nicht mal das Shetlandpony sie haben. Hastig läuft sie zu ihm und fragt: „Soll ich dir zeigen, wie gut ich im Fellbürsten bin?"

Fliederfloh wiehert vergnügt. „Oh, das klingt super! Seit ich mein Winterfell kriege, juckt es mich überall. Kannst du meinen Bauch bürsten? Ich komm da nicht hin."

Annie lacht erleichtert. „Na klar!"

Sie striegelt das kleine Pony, bis die Glocke läutet.

Dann ist das nächste Pony dran.

Und wieder das nächste.

Alle Kinder zeigen, was sie in den letzten Wochen

gelernt haben. Pablo und Niklas galoppieren ohne Sattel durch die Halle. Dana dreht einige elegante Volten und Pirouetten. Tille quatscht den Ponys in Einhornisch die Ohren voll, und Frida schmeißt sich ebenfalls mächtig ins Zeug.

Auch Annie dreht mit dem einen oder anderen Pony eine kleine Runde durch die Halle. Bei Sturmtanz verzichtet sie allerdings lieber darauf. Die Stute trägt nicht umsonst diesen Namen. Ihre Hufe tanzen, als wären sie in der Tat in einen Sturm geraten. Keine Ahnung, was Frida an ihr findet. Tapfer versucht Annie, Sturmtanz zu beruhigen, und ist heilfroh, als die Glocke endlich klingelt und sie sich von dem Pony mit dem beigen Fell und der dunklen Mähne verabschieden kann.

Auch mit Mirrora will es nicht so recht klappen. Als Annie der braunen Stute mit der prachtvollen schwarzen Mähne erzählt, dass sie noch nicht so gut reiten kann, weigert die sich prompt, Annie überhaupt auf ihren Rücken zu lassen.

Andere Ponys hingegen sind zum Glück sehr nett zu ihr. So richtig Herzklopfen kriegt sie aber nur bei einem. Henry. Als der schwarze Schokolade-Palomino endlich für sie frei wird, kann sie ihre Aufregung kaum verbergen.

„Hallo Henry“, kichert sie und klingt dabei wie die verknallte Miss Nelson.

Henry sieht Annie mit seinen wunderschönen schwarzen Augen ruhig an. „Willst du reiten?“, fragt er leise.

Annie zuckt nervös mit den Schultern. „Ich bin noch nicht so gut … aber wenn dir das nichts ausmacht, gern.“

Henry nickt überrascht. „Das macht gar nichts. Für mich ist auch alles neu. Aber wenn wir beide aufpassen, wird es schon klappen.“

Annie strahlt vor Freude. Vorsichtig klettert sie in den Sattel. Das Gefühl dort oben ist überwältigend. Noch nie hat sie sich so sicher auf einem Ponyrücken gefühlt. Und Henrys Mähne ist von oben noch schöner. Seine Silbermähne glitzert und leuchtet, als hätte jemand Sternenstaub über ihm ausgestreut.

Ein Seufzen rutscht Annie über die Lippen: „Ponytastisch!“

Henrys rechtes Ohr zuckt vor Freude, aber er sagt nichts. Es scheint, als würde er darauf warten, was Annie als Nächstes tut. Klar! Eigentlich sollte sie jetzt losreiten und zeigen, was sie alles kann. Aber die Schmetterlinge in ihrem Bauch flattern so wild hin und her, dass sie nicht anders kann. Sie schlingt die Arme um Henrys Hals und steckt die Nase in seine Mähne.

„So schön", murmelt sie.

Für einen kurzen Moment hält er verdattert inne. Mit so etwas hat er wohl nicht gerechnet. Aber Henry scheint es gar nicht schlimm zu finden, dass sie nicht sofort wild drauflosreiten will. Annie kann nämlich deutlich spüren, wie er sich entspannt. Wie von selbst fangen seine Hufe zu trippeln an. Annie muss gar nichts weiter machen. Es ist, als würden die zwei genau dasselbe denken und fühlen.

Gemütlich wandern sie die Bande entlang, während Annie ihm immer noch die Mähne streichelt und glückselig vor sich hin grinst.

„Komisch. Und ich dachte, dass der Gefährtentag totaler Brokkoli werden würde", sagt sie erleichtert und flechtet Henrys Mähne zu einem spanischen Zopf. „Aber jetzt bin ich gar nicht mehr nervös."

„Ich auch nicht", wundert sich Henry und schnaubt zufrieden. „Es ist, als ob ..." Das schwarze Pony bricht verdutzt ab.

Aber Annie weiß genau, was Henry sagen will. Zumindest glaubt sie das.

„Geht mir genauso", flüstert sie.

Auch sie hat das Gefühl, als würde sie Henry längst kennen. Merkwürdigerweise kommt ihr seine Stimme total bekannt vor. Obwohl sie ihn im Reitunterricht nie bekommen hat. Seltsam.

Vielleicht sollte sie Henry doch zeigen, was sie schon alles kann? Immerhin hat sie in Madam

Ballerias Stunden schon eine Menge dazugelernt. Nur für alle Fälle! Vielleicht passiert ja ein Wunder, und er mag sie genauso sehr, wie sie ihn mag?! Vielleicht … Doch genau in diesem Moment läutet die Reitlehrerin die Glocke, und Annie muss sich schon wieder verabschieden.

Mhm, ob das wohl gereicht hat, um Henry zu überzeugen?

Annies Gefährte

„Wie lange wird es jetzt wohl dauern, bis die Ponys sich entschieden haben?“, fragt Frida beim Mittagessen.

„Das kommt ganz darauf an“, meint Dana altklug und schaufelt sich vergnügt Erbsenreis auf ihren Teller. „Bei meiner Mutter damals hat die Entscheidung drei ganze Tage gedauert. Das liegt meist an den Anfängern. Die brauchen ja auch ein Pony, und wenn dann noch ein Mopf dabei ist …“ Sie lächelt dünn. „Na ja, so schlimm wird es schon nicht werden. Bei manchen Schülern müssen die Ponys zum Glück ja nicht lange überlegen. Stellt euch vor, ich bin mit Henry heute einen Galoppwechsel geritten. Irre, oder?!“

„Irre trifft es ziemlich gut“, murrt Tille und spießt mit Karacho eine Erbse auf ihre Gabel.

„Ist es bei dir nicht gut gelaufen?“, fragt Frida.

Tille schüttelt ihre langen Elfenhaare und wirkt plötzlich ziemlich nervös.

„Erst zum Schluss hat mir Fliederfloh verraten, dass Ponys Einhörner eigentlich gar nicht leiden können. Und ich Lauch habe die ganze Zeit nur Einhornisch mit ihnen gequatscht. Das ist bestimmt nicht so toll angekommen."

„Zumindest hast du etwas Besonderes gemacht. Andere sind bloß in der Gegend herumgewuselt, als hätten sie zum ersten Mal in ihrem Leben auf einem Pony gesessen. Voll peinlich", sagt Dana wichtigtuerisch und schielt zu Annie hinüber.

Oh, die liebe Dana! Wie nett und witzig sie doch immer ist, der reinste Sonnenschein! Aber auch wenn Annie es nur ungern zugibt, sagt Dana vermutlich die Wahrheit. Das wird ihr urplötzlich klar, als sie Danas fieses Kürbisgrinsen sieht. Während sich die anderen mächtig ins Zeug gelegt haben, wollte sie selbst ja unbedingt bei der Wahrheit bleiben und hat offen zugegeben, dass sie noch nicht gut reiten kann, auch vor Henry. Immerhin hat sie ihm einen schönen Zopf geflochten, aber das wird bestimmt nicht reichen.

Wahrscheinlich denkt er jetzt, dass ich eine totale Versagerin bin, überlegt Annie erschrocken und schiebt den Teller beiseite. Der Appetit ist ihr gründlich vergangen. Wieder einmal hat es die Superzicke geschafft, dass sie sich wie der größte Brokkoli aller Zeiten fühlt.

Zu allem Überdruss scheint Dana auch noch recht zu behalten. Die Entscheidung dauert … und dauert. Die Erstklässler hocken stundenlang in ihren Türmen und werden immer zappeliger. Es wird doch nicht tatsächlich ein Mopf unter ihnen sein? Bei dem Gedanken wird Annie ganz flau im Magen.

Endlich betritt der Ponydirektor höchstpersönlich die Villa und erlöst die Schüler von ihrer Ungeduld. Draußen ist es längst dunkel geworden. Die Reithalle ist hell erleuchtet und nun herrlich mit Blumen geschmückt. Das Banner von Trippelwick hängt an den Seiten, und das Schulorchester spielt eine flotte Trabmusik. Auf der Mittellinie haben sich die Ponys aufgestellt und warten auf ihre zukünftigen Gefährten. Auch der Rest der Schule ist da. Die Tribüne ist brechend voll. Manche Schüler haben sich Popcorn mitgenommen. Andere wiederum haben sich zu ihren eigenen Gefährtenponys gesellt. Eine feierliche Stimmung liegt in der Luft. Nervös stellen sich die Erstklässler gegenüber von den Ponys auf.

„Die Entscheidung ist gefallen“, verkündet Archibald Hillbatten und verbeugt sich vor der Menge. Zur Feier des Tages hat er sich eine Fliege in den Farben von Trippelwick umgebunden. „Ich gebe hiermit bekannt, dass alle Schülerinnen und Schüler einen Gefährten gefunden haben.“

Von der Tribüne bricht lauter Jubel aus. Annie seufzt erleichtert. Alles ist gut! Jeder wird ein Pony bekommen, auch sie! Doch dann beobachtet sie, wie der sonst so gutmütige Fliederfloh zwischen den anderen Ponys mürrisch mit seinem Schweif hin und her schlägt. Wie es scheint, ist er mit der Wahl gar nicht zufrieden. Hat er etwa jemanden erwischt, den er in Wirklichkeit gar nicht haben wollte? Jemanden,

der sonst kein Pony bekommen hätte? Jemanden, der noch nicht so gut reiten kann?

„Ich glaube, ich weiß schon, wen ich kriege", flüstert Annie Frida ins Ohr.

Doch die hat nur Augen für Sturmtanz. Nervös tänzelt die Stute zwischen den anderen Ponys umher.

Die Musik wird lauter, das Schulorchester lässt die Trommeln erklingen. Endlich beginnt die Zeremonie. Schon traben die ersten Ponys auf ihre zukünftigen Gefährten zu. Mit klopfendem Herzen beobachtet Annie, wie zwei wild aussehende Huzulenponys auf die Marmorkuchenjungs zurasen. Annie kann sich an die wilden Schecken noch gut erinnern. Sie heißen Pepper und Roni und haben mindestens

so viel Schabernack im Kopf wie Pablo und Niklas. Obendrein sehen sie auch noch so aus wie die Marmorkuchenjungs. Pepper hat schokobraune Flecken und Roni vanillegelbe.

Dann trabt auch schon Sturmtanz los.

Frida hält neben Annie die Luft an und greift nach ihrer Hand.

„Bitte, bitte komm zu mir", flüstert sie.

Und tatsächlich bleibt Sturmtanz vor Frida stehen und pustet ihr sanft ins Gesicht. Noch nie hat Annie ihre Freundin so glücklich gesehen. Freudestrahlend schlingt sie die Arme um ihr Gefährtenpony, und Sturmtanz bleibt ausnahmsweise ganz ruhig stehen. Sie scheint Fridas Umarmung sehr zu genießen, denn sie wiehert: „Ich freu mich auch!"

Als Annie die beiden so innig miteinander sieht, ziept es in ihrem Bauch. Sie will auch so einen Ponyfreund haben. Am allerliebsten Henry … aber wo ist er hin? Vorhin war er noch dort drüben bei den anderen, doch jetzt ist die Stelle leer. Ein heilloses Durcheinander ist unter den Ponys ausgebrochen. Alle laufen kreuz und quer. Hat Henry vielleicht schon gewählt? Etwa Dana? Auch wenn Annie weiß, dass sich Henry bestimmt nicht für sie entscheiden wird, fühlt sie sich, als hätte jemand eben einen Eimer Eiswasser über sie geschüttet. PLATSCH!

Ängstlich sieht sie zu Dana. Doch die hat ebenfalls noch kein Gefährtenpony bekommen. Annie kann nicht anders: Sie grinst. Da hat die Superzicke wohl den Mund etwas zu voll genommen. Von wegen: Bei ihr dauert die Entscheidung bestimmt nicht lange!

Als Annie wieder zu den Ponys blickt, sieht sie jedoch, wie der kleine Fliederfloh lostrabt, genau in ihre Richtung. Ihr schadenfrohes Grinsen erlischt. Sie kann sich schon denken, wen er gewählt hat. Dabei ist Henry ihr Traumpony. Aber auf keinen Fall will sie dem gutmütigen Fliederfloh zeigen, wie enttäuscht sie ist. Sie lächelt tapfer. Da wuselt der Miniklops an ihr vorbei und bleibt vor Tille stehen!

„Ich sag's gleich, ich bin kein Einhorn. Aber ich hoffe, wir werden trotzdem Freunde", brummelt Fliederfloh unter seiner weißen Wuschelmähne.

Tille nickt erleichtert. „Bestimmt. Ich brauch mir bloß deine braunen Flecken wegzudenken, und schon bist du eines."

„Heiliges Einhorn, das kann ja heiter werden." Fliederfloh rollt mit den Augen.

Tille scheint jedoch schon wieder in ihr Einhornuniversum einzutauchen und kriegt gar nichts mit. Im Nu bindet sie seinen weißen Haarschopf zu einem Horn und ruft: „Sag ich doch, du bist ein Einhorn!"

Fliederfloh stöhnt.

„Guck mal", flüstert Frida dazwischen und tippt Annie aufgeregt auf die Schulter. „Jetzt sind nur noch zwei Ponys übrig. Gleich bist du dran!"

In der Mitte der Reithalle stehen Henry und Mirrora.

„Oh nein“, stöhnt Annie, als sie die wählerische Stute sieht. „Die wollte mich ja nicht mal auf ihr reiten lassen, weil ich ihr zu schlecht war.“

Sturmtanz schnaubt leise. „Mirrora ist zwar manchmal eine Zicke, aber wenn man sie richtig kennengelernt hat, ist sie total lieb.“

Annie nickt tapfer. „Ich werde es mir merken, danke“, murmelt sie.

Dana hingegen strahlt siegessicher. Henry ist für sie nun zum Greifen nah. Schon trabt er los. Dana geht ihm entgegen, doch dann reißt sie den Mund auf und glotzt wie ein kurzsichtiger Karpfen, denn Henry trabt an ihr vorbei! Er sieht sie nicht mal an, er hat nur Augen für ... Annie!

Mit wehender Silbermähne kommt Henry auf sie zu.

Annies Herz klopft wie verrückt. Kann das wirklich sein? Ist das kein Traum? Geht ihr allergrößter Wunsch gerade in Erfüllung?

Als Henry vor ihr stehen bleibt, flüstert sie: „Bist du dir sicher?“

Henry blickt sie mit seinen schwarzen Augen sanft an und nickt.

„Ich hoffe, du willst auch?“, fragt er.

Da erwacht Annie aus ihrer Versteinerung und fällt ihrem Gefährtenpony überglücklich um den Hals. Das Gefühl, als sie den Kopf in seine Mähne steckt, ist unbeschreiblich. Tausend Steine fallen von ihr ab, so erleichtert ist sie. Sie kann in Trippelwick bleiben. Vor allem aber hat sie das schönste, beste, liebste und schlaueste Gefährtenpony bekommen, das man sich nur vorstellen kann.

Neben ihr sagt Mirrora zu Dana: „Ich habe mich für dich entschieden, weil du besser als alle anderen im Sattel bist. Aber du wirst dich trotzdem anstrengen müssen. Mein Rücken ist hochsensibel. Kartoffelsäcke kann ich nicht leiden. Ich hoffe, du bist kein Kartoffelsack?“

Dana macht noch immer das Karpfengesicht.

Frida hingegen gluckst. „Wäre Dana nicht selbst so eine Zicke, täte sie mir jetzt glatt leid. Aber so hat sie gekriegt, was zu ihr passt. Und ein Kartoffelsack ist sie wirklich nicht.“

Gefährtenparty

An diesem Abend wird in Trippelwick lange gefeiert. Frau Semmelbrot hat die leckersten Speisen gekocht und alles schön im Speisesaal angerichtet. Zum ersten Mal dürfen nun auch die Erstklässler mit ihren Gefährtenponys durch die grasgrünen Gänge der Villa traben. Annie kann nicht aufhören zu strahlen. So glücklich ist sie!

„Das ist genau so, wie ich mir Schule immer gewünscht habe“, ruft sie nach dem Festessen vergnügt auf Henrys Rücken. „Wenn das die Schlimmstewimmste sehen könnte, die würde glatt einen Wutanfall kriegen!“

„Schlimmstewimmste? Wutanfall?“, wundert sich Henry, während er hinter Sturmtanz die enge Wendeltreppe hinauftrippelt. Frida hatte nämlich die ponytastische Idee, ihren Gefährtenponys das Turmzimmer zu zeigen. Deshalb muss sich Annie jetzt an Henrys Mähne festhalten, um nicht nach hinten über seine Kruppe zu rutschen, so steil geht es bergauf.

„Och, das war bloß meine alte Lehrerin von früher. Sie kann Ponys nicht ausstehen“, erklärt sie.

Henry schüttelt sich schnaubend. Auch Annie wird ordentlich durchgeschüttelt.

„Was? Wie kann man uns nicht mögen?“, wiehert er empört.

„Verstehe ich auch nicht“, kichert sie.

Endlich sind sie ganz oben im Südturm angekommen. Hinter sich hören sie Tilles Stimme die Wendeltreppe hochhallen. Auch Fliederflohs Hufgetrippel ist zu hören.

„So ein Lift ist praktisch“, trällert Tille, als sie um die Ecke biegen. Sie sitzt auf Fliederfloh. Ihre Beine sind so lang, dass sie beinah die Stufen berühren. Das sieht aus, als würde sie auf einem Hüpfpferd reiten.

Zum Glück ist der kleine Fliederfloh ganz schön stark. Trotzdem schnauft er, als er endlich oben ankommt.

„Noch mal trage ich dich da nicht hoch, hörst

du?“, keucht er und macht einen Hops, sodass Tille überrascht von seinem Flauschhintern rutscht.

„Macht nix“, sagt sie verträumt und tätschelt sein Fell. „Vielleicht bist du ja doch ein Einhorn und weißt es nur noch nicht.“

„Aha, und dann?“, will Fliederfloh wissen.

„Na, dann kannst du fliegen und musst nicht mehr die Stufen hochklettern, ist doch klar!“, trällert sie vergnügt.

Das kleine Shetlandpony stöhnt. „Wie oft soll ich dir das noch sagen? Ich! Bin! Kein! Einhorn!“

„Sei doch nicht so pessimistisch. Was nicht ist, kann ja noch werden“, feixt Henry, woraufhin Fliederfloh ihn in den Po zwickt.

Henry quietscht laut.

„Was ist denn da hinten los?“, wiehert Sturmtanz und tänzelt nervös.

Frida scheint das gar nicht aus der Ruhe zu bringen. Sie streichelt ihrem Gefährtenpony sanft über die dunkle Mähne und sagt: „Henry und Fliederfloh albern bloß rum. Typisch Ponyjungs! Komm, ich zeig dir mein Bett!“ Sie klettert von Sturmtanz’ Rücken und macht die Tür auf.

„Schläfst du auch auf Stroh?“, fragt die Stute und betritt vorsichtig das kreisrunde Zimmer.

Obwohl Sturmtanz und Fliederfloh erfahrene Gefährtenponys sind, haben sie die Turmzimmer in der Villa Trippelwick noch nie betreten. Und Henry sowieso nicht. Neugierig schiebt er den Kopf durch die Tür.

„Gibt es hier Heu?“, fragt Fliederfloh von hinten. „Ich hab von der ganzen Kletterei total Kohldampf bekommen.“

„Ich schlafe am liebsten auf Sägespänen. Du auch?", fragt Henry gleichzeitig.

„Nein", kichert Annie und klettert von seinem Rücken. Gemeinsam betreten sie das türkisfarbene Turmzimmer. „Da schlafe ich." Sie zeigt auf ihr Bett.

„Oh", sagt Henry und schnuppert interessiert an Annies weichen Kissen. „Gemütlich."

„Aber nicht fressbar", murrt Fliederfloh, und prompt knurrt sein Magen so laut, als würde ein ausgewachsener Wolf darin hocken.

„Ich habe noch Popflis", fällt Annie ein. Schnell holt sie ihre Tüte. Auch Frida und Tille kramen ihre Rationen hervor. Fliederfloh ist außer sich.

„Zauberzucker mag ich am allerliebsten", schmatzt er und sabbert vergnügt Tilles Hände voll.

Auch Henry lässt sich die Popflis schmecken. Und Sturmtanz. Es ist, als würden sie eine kleine Party hier oben feiern. Eine Gefährtenparty.

RUMMS! Ein lauter Knall lässt Sturmtanz hochschrecken.

Dana ist ins Zimmer gestürmt und hat die Tür ordentlich hinter sich zuknallen lassen. Jetzt steht sie da und funkelt alle böse an. Sofort ist die tolle Stimmung futsch!

„Könnt ihr nicht verschwinden? Ich will ins Bett“, faucht sie schnippisch.

Rasch verabschieden sich die Ponys von den Mädchen. Die Popflis sind ohnehin alle. Und spät ist es auch geworden. Als das Hufgetrappel auf der Wendeltreppe verklungen ist, wird es mucksmäuschenstill. Wütend rauscht Dana ins Badezimmer und knallt wieder die Tür hinter sich zu. RUMMS!

„Da ist aber jemand ordentlich sauer“, meint Tille, als wäre das nicht sonnenklar. Sie guckt Annie an. „Du tust mir leid.“

„Was? Warum?“ Verdutzt schüttelt Annie ihre dunklen Locken. „Was kann ich denn dafür, dass Dana schon wieder Brokkolilaune hat?“

„Ist doch klar“, sagt Tille und tippt mit dem Finger auf die Badezimmertür. „Sie war total scharf auf Henry. Und du hast ihn ihr weggeschnappt.“

„Quatsch“, sagt Frida dazwischen und öffnet ihre Zöpfe. Wenn Frida die Haare offen hat, sieht sie ganz anders aus. Gar nicht nach Frida. Sie schüttelt ihre braune Mähne und sagt: „Henry hat sich einfach für Annie entschieden, so ist das. Jeder kennt die Regeln. Besonders Dana!“

Tille zuckt mit den Schultern. „Mir brauchst du das nicht zu sagen. Sag's lieber der Giftnudel im Bad. Dann muss sie nicht so viel blödes Zeug herumerzählen.“

„Was sagt sie denn jetzt schon wieder über mich?“, stöhnt Annie. „Lass mich raten! Sie sagt, dass ich eine elende Anfängerin bin? Oder zu doof für die Ponyschule? Oder nein, jetzt weiß ich's: Direktor Hillbatten hat sich in der Hausnummer geirrt und mir nur aus Versehen den Ponybrief zugestellt, stimmt's?“

Tille grinst. „Knapp daneben. Sie sagt, Henry hat sich bloß aus einem bestimmten Grund für dich entschieden.“

„Klar, weil sie zusammengehören“, gähnt Frida und fängt an, ihre Haare zu kämmen.

„Nö“, sagt Tille und schüttelt ihr Elfenhaar, das

auch wieder mal gebürstet werden müsste. „Sie hat gesagt, dass Henry sich für Annie entschieden hat, weil sie nichts kann. Nur aus Mitleid hat Henry sie gewählt."

Annie klappt der Mund auf. Kann das sein? Immerhin hat sie bei der Gefährtenwahl ja wirklich nicht viel Können gezeigt. Hat Henry sie nur gewählt, damit sie kein Mopf ist?

„So ein Quatsch", sagt Frida schnell, als sie in Annies besorgtes Gesicht blickt. „Das glaubst du doch selber nicht!"

„Und wenn es doch stimmt?", murmelt Annie unsicher.

„Dana ist bloß sauer, weil sie Henry nicht gekriegt hat, merkst du das nicht?", fragt Frida verwundert. „Sie hat genau mitbekommen, dass Henry von Anfang an ein Auge auf dich geworfen hat. Frag ihn doch selber, wenn du mir nicht glaubst. Er wird dir bestimmt dasselbe sagen. Deshalb ist Dana jetzt auch so …"

In dem Moment poltert Dana aus dem Badezimmer, und Frida bricht ab. Danas Augen leuchten verdächtig rot. Hat sie etwa geweint?

„Was guckt ihr denn so blöd?“, faucht sie.

„Ach, ich hab nur erzählt, was du über Annie gesagt hast“, antwortet Tille. „Und jetzt glaubt Annie, es stimmt. Ist doch so, nicht?“

Als Annie in Danas verweintes Gesicht blickt, wird ihr mit einem Mal klar, dass Frida vielleicht recht hat. Und es ist ja kein Wunder, dass Dana Brokkolilaune hat. Wäre Annie nicht genauso am Boden zerstört, wenn Henry sich andersrum entschieden hätte? Also für Dana und nicht für sie?

„Dana, hör mal“, sagt Annie vorsichtig. „Ich kann verstehen, dass du traurig bist. Aber Mirrora ist bestimmt auch eine …“

„Ach, halt die Klappe“, zischt Dana aufgebracht. „Das hast du mit Absicht gemacht, gib es zu! Du hast genau gewusst, dass *ich* Henry haben will! Aber dann hast du ihn dazu überredet, *dich* auszuwählen. Weil du ihm vorgejammert hast, dass du nicht reiten kannst. Da hat er Mitleid mit dir bekommen. Und jetzt muss er mit dir in der Gegend rumgurken wie ein drittklassiges Streichelzoopony, dabei hat er so viel Potenzial! Aber das ist Schummelei, und ich werde das auch beweisen!“

Eigentlich wollte Annie keinen Streit, aber jetzt platzt ihr der Kragen. Nicht nur weil die Superzicke sie der Schummelei beschuldigt. Es ist auch, weil sie Henry als drittklassig bezeichnet. Und das ist Henry nun wirklich nicht! Außerdem war ja Dana diejenige, die bei der Zeremonie gemogelt hat.

„Hä? Geht's noch?!", schreit Annie, und der ganze Frust, den sie seit Wochen mit sich herumgeschleppt hat, explodiert aus ihr heraus. „Du musst gerade reden! Ich hab die Popflis in deiner Hand genau gesehen!"

„Was?" Frida und Tille sehen Dana fassungslos an. „Bei der Zeremonie?"

„Das war nicht Schummeln, die helfen ja ohnehin nichts", knurrt die Superzicke kleinlaut und verkrümelt sich ins Bett. „Und jetzt schalt das verdammte Licht aus! Ich will schlafen!"

Hinter den Heuballen

Ab jetzt herrscht Eiszeit. Nicht mal Tille traut sich, beim Aufstehen etwas zu sagen, und das grenzt an ein Wunder. Die Laune im türkisenen Turmzimmer ist im Keller und bessert sich auch nicht, als der Unterricht beginnt. Im Gegenteil! Dana lässt keine Gelegenheit aus, Annie mieszumachen.

Irgendwann wird es Annie zu blöd. Als die Schule endet, hat sie überhaupt keine Lust, mit der Superzicke im Turmzimmer rumzuhängen. Obendrein quält sie der Gedanke, dass Dana vielleicht doch recht haben könnte. Was Annie jetzt also braucht, ist ein bisschen Zeit mit ihrem Gefährten.

Als die anderen nach Stallkunde in die Pause stürmen, biegt sie deshalb heimlich ab und schleicht zurück zu den Ponystallungen. Vielleicht sollte sie wirklich mit Henry reden, so wie Frida vorgeschlagen hat. Vielleicht klärt sich dann alles auf. Vielleicht spinnt Dana einfach rum. Vielleicht …

Unzählige Ponyaugen gucken Annie neugierig an, als sie den Stall betritt. Prompt verlässt sie der Mut. Was wird Henry von ihr denken, wenn das alles gar nicht stimmt? Und was wird sie selbst denken, wenn es doch stimmt?

„Hallo Annie", wiehert Fliederfloh und wuselt auf sie zu. „Kommst du Henry besuchen? Er ist mit ein paar anderen auf die Waldweide gegangen. Soll ich ihn holen?"

Schnell schüttelt Annie den Kopf. „Nö, schon gut. Ich komme später wieder", sagt sie und ist heilfroh, dass Henry nicht da ist. Das hat sie mit Sicherheit gerade vor einer großen Dummheit bewahrt.

Fliederfloh scharrt mit den Hufen.

„Wenn du schon mal hier bist, könntest du ein bisschen Heu vom Heuboden runterwerfen? Die anderen haben mir schon wieder alles weggefressen. Bitte!" Fliederfloh sieht sie flehend an.

Annie zögert. „Darf ich das denn?"

Das Pony wiehert vergnügt. „Ach, Dorni hat bestimmt nichts dagegen."

Dorni? Doch nicht etwa Stallmeister Dorn? Du liebe Güte, mit dem ist gar nicht gut Kirschen essen! Der übellaunige Stallmeister ist für seine Faulheit bekannt. Er liebt es, den Schülern seine Arbeit aufzuhalsen. Vor allem die, die er selber nicht mag. Und darauf hat Annie überhaupt keine Lust.

Aber Fliederfloh den Wunsch abzuschlagen, das bringt sie nicht übers Herz. Was auch daran liegt, dass der Kleine alle Hebel bedient: Seine Augen gucken treudoof unter der Wuschelmähne hervor, seine Nüstern hat er gespitzt, die Ohren sind zur Seite geklappt, dazu noch ein hoffnungsvolles Seufzen …

„Na gut. Von mir aus", seufzt Annie und gibt sich geschlagen.

Wer kann bei so einem Blick schon Nein sagen?

Sie klettert gerade die ersten Stufen der Heuleiter hinauf, als die Tür zum Ponystall aufgeht. Zwei Schatten treten herein. Sie gehören zu Stallmeister Dorn und seinem Lehrling Ottokar.

Annie kann gerade noch von der Leiter springen und sich hinter einem Heuberg verschanzen, der seit Ewigkeiten in einer Ecke rumliegt. Hier ist es furchtbar staubig. Annie muss sich die Nase zuhalten, um nicht laut loszuniesen.

„Fütterungszeit", bellt der Stallmeister und lässt den armen Ottokar die ganze Arbeit machen, während er ihn mit Argusaugen beobachtet.

Annies Herz klopft wie wild. Was soll sie tun? Wenn der Stallmeister sie hier erwischt, kriegt sie bestimmt Ärger. Auch wenn es den Ponyschülern eigentlich gestattet ist, ihre Ponys jederzeit zu besuchen, weiß in Trippelwick jeder, dass man Dorn besser nicht in die Quere kommt. Es sei denn, man ist scharf darauf, stundenlang Paddocks abzumisten oder Spinnweben von den Wänden zu kehren.

Oje, er kommt näher! So fest es geht drückt sich Annie gegen die Wand. Da macht es *klick*, und sie kippt nach hinten. Wo vorher die Holzwand war, ist jetzt Leere. Alles wird dunkel um sie herum und bleibt auch dunkel. Annie lauscht angestrengt. Doch Dorn scheint nichts bemerkt zu haben. Nichts davon, dass die Wand hinter ihr plötzlich nachgegeben hat. Und nichts davon, dass sie urplötzlich in einem geheimen Raum steht, in dem es total muffig riecht. So, als wäre er schon seit Jahren nicht mehr betreten worden.

Vorsichtig tastet Annie die Wand ab. Als sie einen Lichtschalter findet, atmet sie erleichtert auf. Gedämpft hört sie Stallmeister Dorns schneidige Stimme. Wenn sie leise ist, wird er nichts bemerken. Beherzt drückt sie den Schalter und blinzelt. Im hellen Schein der Lampe flammt ein ungewöhnliches Bild vor ihr auf. Annie steht in einem Wohnzimmer. In einem Wohnzimmer aus Heu. So sieht es zumindest aus. Überall liegen

Heuballen rum. Einige von ihnen wurden kunstvoll zu Sofas aneinandergereiht. Dazwischen stehen Ohrensessel, Tischchen und Schränke. Selbst auf den alten Dachbalken hängt Heu, und eine zentimeterdicke Staubschicht auf den Dielen am Boden verrät, dass tatsächlich seit Ewigkeiten niemand mehr diesen seltsamen Raum betreten hat.

„Was ist das hier?“, flüstert Annie und sieht sich verblüfft um.

Auf einem Tischchen liegt ein Briefumschlag. Darauf steht: AN DEN FINDER

An den Finder? Ist der Brief etwa an sie gerichtet? Immerhin hat sie diesen Raum hier gefunden, oder nicht?

Annie kann nicht anders. Neugierig öffnet sie den Umschlag und zieht einen Zettel heraus.

Lieber Finder der Heuhöhle!

Du hast es geschafft, die Heuhöhle zu finden, ohne in Dornis Fänge zu geraten. Respekt! Somit hast du dich als würdig erwiesen. Du bist

von dieser Sekunde an der neue Hüter der Heuhöhle.

Dazu musst du wissen: Die Heuhöhle existiert seit Ewigkeiten und dient uns Eingeweihten als Geheimversteck. Hier kannst du in Ruhe deinen Gedanken nachhängen, Partys mit deinem Gefährtenpony feiern, Schlachtpläne gegen Dorni schmieden oder einfach gechillt mit Freunden abhängen. Nutze die Heuhöhle gut und bewahre ihr Geheimnis, sodass die nachfolgenden Schüler auch dann noch etwas von ihr haben, wenn du der wunderbaren Welt von Trippelwick längst entwachsen bist.

Hochachtungsvoll
Der letzte Hüter der Heuhöhle

„Frida! Frida! Du glaubst nicht …“

Annie bricht ab, als sie in Danas blitzende Augen sieht. Wie ein wütender Gartengnom hockt sie auf ihrem Bett und giftet Annie an.

„Schade! Hier war’s grade richtig gemütlich ohne dich“, zetert sie und reckt kampfbereit das Kinn.

„Ehrlich? Dann hab ich aber was verpasst“, meint Tille trocken.

Annie grinst. „Keine Sorge, ich bin gleich wieder weg“, flötet sie und dreht Dana den Rücken zu. Dann flüstert sie: „Ich muss dir was zeigen.“

Das lässt sich ihre beste Freundin nicht zweimal sagen. Frida springt erleichtert auf und verlässt fluchtartig das Turmzimmer. Tille poltert hinter ihnen her.

„He, lasst mich bloß nicht allein“, jammert sie und heftet sich an Annies Fersen. „Langsam wird Dana mir unheimlich. Kann ich mit euch kommen?“

„Klar“, Annie grinst noch breiter. „Aber was ich euch zeigen will, ist geheim. Ihr dürft also niemandem davon erzählen.“

„Ein Geheimnis?“ Prompt werden Tilles Augen elfengleich. „Du hast doch nicht etwa ein … ein Einhorn gefunden?“

„Noch viel besser“, raunt Annie und läuft mit ihnen in Richtung Ponystall. Zum Glück ist von Stallmeister Dorn nichts zu sehen. Die Luft ist rein. Schnell zieht sie Frida und Tille hinter die Heuballen und drückt gegen die Holzwand. Es macht *klick*, und die Wand schiebt sich zur Seite.

Frida und Tille stehen die Münder offen, als sie ungläubig das geheime Heuzimmer betreten. Kein Mucks kommt über ihre Lippen. Annie nutzt die Gelegenheit und erzählt, welch großartige Entdeckung sie vorhin gemacht hat.

„Und das nur, weil Dorn so einen Schrecken verbreitet!", jubelt sie. „Ohne ihn wäre ich nie dahintergekommen, dass sich im Ponystall ein Geheimraum befindet. Darf ich vorstellen: die Heuhöhle!"

Als Frida und Tille ihre Sprache wiedergefunden haben, jubeln sie.

„Das ist ja ponytastisch!", trällert Frida.

Und Tille grinst. „Endlich haben wir eine Dana-freie Zone!"

Professor Zen weiß (k)einen Rat

„Iaaaohm! Konzeeeentriert euch auf eeeeeure inneeeeere Ruheeee!“

Professor Zens schläfrige und sehr, sehr laaangsame Stimme wabert über die Glühwürmchenlichtung. Zum ersten Mal haben die Kinder Unterricht mit ihren Gefährtenponys. Doch anstatt ein paar Runden auf dem Waldpfad zu drehen, sitzen sie gemeinsam vor Professor Zens Waldpavillon und hören dem alten Esel zu. Nein, das stimmt nicht ganz. Die meisten sind längst eingepennt. Tille schnarcht im Gras. Frida hat den Kopf gegen Sturmtanz’ Hinterbein gelehnt und döst. Die Marmorkuchenjungs haben sich erst gar nicht die Mühe gemacht, so zu tun, als ob Professor Zens Weisheiten sie interessieren würden. Sie gehen lieber mit Pepper und Roni ein paar

Kniffe für Pofu durch. Die frechen Huzulenponys finden Ponyfußball nämlich genauso toll wie die Jungs und hoffen, bald in eine der beiden Pofu-Schulmannschaften aufgenommen zu werden.

Die Sonne scheint warm. Das Moos ist weich. Auf der Glühwürmchenlichtung ist es total gemütlich … Annie schrickt hoch. Jetzt wäre sie auch beinah eingeschlafen. Das liegt an Professor Zens säuselnder Stimme. Die ist mit Abstand das beste Schlafmittel der Welt.

„Du wirst doch nicht etwa müde?“ Henry grinst.

„I wo, gar nicht“, sagt Annie und gähnt. „Nach innerer Ruhe zu suchen ist ja so was von aufregend.“

Henry lacht wiehernd,

und Annie muss ebenfalls lachen. Es ist schön, mit Henry Unterricht zu haben. Auch wenn die Schulstunde grade todlangweilig ist.

Endlich, nach unzähligen Iaaaohms, kommt Professor Zen zum Punkt.

„Wenn ihr nun eure innere Ruhe gefunden habt, werdet ihr eins mit eurem Herzen und eins mit dem Herzen eures Gefährtenponys. Das ist wahre Ponyflüsterei. So verständigt ihr euch ohne Sprache."

„Heißt das, wir können gegenseitig unsere Gedanken lesen?", kräht Niklas.

Mit einem Schlag sind alle auf der Lichtung hellwach. Gebannt schauen sie auf den grauen Esel mit den Riesenohren.

Der Professor nickt.

„Gerade in brenzligen Situationen ist das von großem Vorteil." Er zockelt zu den Marmorkuchenjungs. „Und beim Pofu besonders", fügt er verschmitzt hinzu.

Jetzt finden Pablo und Niklas den Unterricht total spannend. Auch Pepper und Roni spitzen die Ohren und lauschen Professor Zens Anweisungen.

Er zeigt ihnen, wie das mit dem Gedankenlesen funktioniert.

„Blickt einander tief in die Augen. Hört auf eure Herzen. Seid ganz in eurer Mitte."

Niklas glotzt angestrengt auf seinen Roni.

„Und?", wiehert das vanillegelbe Huzulenpony. „Was denke ich?"

Niklas runzelt die Stirn. „Ähm, du willst Schafe suchen …"

„Nein, ich will Haferkuchen", grunzt Roni beleidigt.

Die Klasse lacht.

„Und? Und? Was denke ich?", fragt Pepper aufgeregt.

„Mhm, du willst Zuckerrüben?", murmelt Pablo verlegen.

Pepper lacht scheppernd. „Nein, Mann. Ich will Pofu üben. Aber Zuckerrüben sind auch nicht schlecht."

„Für den Anfang gar nicht so übel", lobt der Professor und lässt sie anschließend paarweise üben. Frida übt mit Sturmtanz, Tille mit Fliederfloh, Annie natürlich mit Henry. Nur Dana verschränkt die Arme und faucht: „So ein Unsinn!“

„Willst du denn gar nicht wissen, was ich denke?“, fragt Mirrora unsicher.

Dana schüttelt den Kopf. „Das hat doch nichts mit Reiten zu tun, ts!“

„Aber …“ Mirrora senkt den Kopf. „Gehört das nicht irgendwie dazu?“

Dana hört gar nicht zu. Es scheint ihr völlig egal zu sein, was ihr Gefährtenpony sagt oder denkt.

Prompt hat Annie Mitleid mit der braunen Stute. Sturmtanz hatte recht: Danas Gefährtenpony ist im Grunde gar nicht so zickig. Wäre das bei Dana bloß auch so. Doch Danas Laune hat sich kein bisschen gebessert. Zum Glück haben die Mädchen jetzt die Heuhöhle.

„Erde an Annie! Bist du noch da?“ Henry sieht Annie neugierig an. „Willst du gar nicht wissen, was ich denke?“ Er klimpert mit den Wimpern.

Annie muss lachen. „Tut mir leid“, sagt sie und versucht, sich auf ihr Herz und das von Henry zu konzentrieren, wie Professor Zen gesagt hat. Das ist ziemlich einfach, stellt sie überrascht fest.

Henry und sie fühlen eben gleich. Zärtlich blickt Annie Henry tief in die Augen – und erschrickt.

„Was ist?", fragt Henry verdutzt. „Ich hab doch nur an taufrisches Gras gedacht. Und daran, wie wir beide an einem schönen Morgen gemeinsam ausreiten."

„Klar!" Annie lacht verlegen. „Was sonst!"

Doch hat sie nicht noch etwas anderes wahrgenommen? Henry mag an saftiges Gras gedacht haben, aber auch daran, dass der Ausritt total gemütlich sein würde … weil … weil … na, weil Annie noch gar nicht so weit ausreiten kann. Es stimmt also doch? Die Erkenntnis trifft sie so heftig, dass ihre Augen glasig werden. Rasch blinzelt Annie die Tränen weg, damit Henry nichts bemerkt. Ein Glück, dass die Stunde gerade endet. Jetzt nichts wie zurück zur Villa.

Aber daraus wird nichts.

„Annelie Fliederbusch, kommst du mal zu mir?" Professor Zen blickt sie durch seine Kugelbrille an, als könne er ihre Gedanken lesen.

Geknickt folgt Annie dem alten Esel. Bald sitzen sie auf der Veranda des Waldpavillons, wo er zu

Hause ist, schlürfen grünen Hafertee und knabbern Frau Semmelbrots Knisterkekse. Na ja, der Professor nicht. Er lutscht an einem Fenchel-Popfli, auch Pupsli genannt. Die sollen gut für die Verdauung sein.

„Also", beginnt der Professor. „Wo drückt der Huf? Es ist offensichtlich, dass dich etwas belastet. Und wenn du das nicht aus dem Weg räumst, wird es bald auch deinen Henry belasten. Das willst du doch nicht, oder?"

Wie es scheint, kann Professor Zen tatsächlich Gedanken lesen! Also kann sie ihm auch gleich die ganze Wahrheit erzählen. Und das macht Annie.

Als sie fertig ist, wackelt der Esel mit seinen langen Ohren.

„Mhm, verzwickte Lage", gibt er zu und legt die Stirn in Falten. „Vielleicht würde ja meditieren helfen. Oder das eine oder andere Popfli, wenn du nur fest daran glaubst. Oder ein Pilgerritt bei Neumond …"

Hilfe, denkt Annie. Der alte Eselprofessor meint es bestimmt gut, aber seine Vorschläge sind, um bei der Wahrheit zu bleiben: ziemlicher Mist! Da ist ihr Fridas Ratschlag schon lieber.

„Vielleicht ist es besser, ich frage ihn einfach, warum er mich gewählt hat?", fragt Annie, bevor der Esel noch mehr Ideen aufbringen kann.

Der Eselprofessor guckt einen Moment verdutzt hinter seiner Kugelbrille hervor. Dann hickst er: „Das ist eine ganz und gar vortreffliche Idee, Annelie Fliederbusch! Zwar etwas ungewöhnlich, aber es könnte in der Tat klappen!"

Die verschwundenen Reitstiefel

„Ist was passiert?", fragt Henry, als Annie in den Ponystall huscht.

„Nö, es ist nur … ich will dich was fragen", murmelt sie verlegen.

„Klar! Steig auf. Wir drehen eine Runde!"

„Wie? Ohne Sattel?" Annie erschrickt.

Henry grinst. „Keine Sorge, ich gehe nur Schritt."

So kommt es, dass Annie zum ersten Mal ohne Sattel reitet. So spürt sie Henrys warmes Fell und seine gleichmäßigen Atemzüge, als sie über die Waldweide spazieren, und das ist einfach nur ponytastisch!

„Na, frag schon", sagt er, als sie ein Stück zurückgelegt haben. „Was willst du denn so dringend von mir wissen?"

Annie seufzt. Professor Zen hat recht. Und Frida sowieso. Wenn Annie ihre Zweifel nicht schnell aus dem Weg räumt, werden sie immer zwischen

Henry und ihr stehen. Und das will sie auf gar keinen Fall!

Sie holt tief Luft. „Warum hast … du dich … für mich entschieden?“

Puh, jetzt ist es raus!

Henry schnaubt. „Na, weil ich dich einfach mag“, sagt er etwas verlegen.

„Ich mag dich auch“, kichert Annie. Aber es ist ein kurzes Kichern.

„Reicht dir das nicht?“, fragt er.

„Doch, schon.“ Annie zögert. „Es ist nur …“ Sie sieht der Sonne zu, wie sie hinter den Baumwipfeln verschwindet. Auch Henry blickt in den orangeroten Abendhimmel.

Nach einer Weile sagt er: „Ich bin noch jung und kein perfektes Gefährtenpony, aber jeder setzt so große Hoffnungen in mich, wegen meiner Mama. Sie war sehr berühmt, weißt du? Und genau das macht mir Angst. Alle wollen, dass ich so großartig werde wie sie. Aber was ist, wenn ich nicht so gut bin, wie alle denken?!“

Tröstend streicht Annie über Henrys silberne Mähne.

„Aber das bist du doch schon längst", raunt sie ihm ins Ohr. „Du bist der Beste überhaupt! Besonders für mich!"

Henry schnaubt leise. „Siehst du. Genau deshalb habe ich mich für dich entschieden."

„Weil du dich für mich nicht anstrengen musst?", murmelt Annie, und ihr Herz rast.

Henry nickt. „Du bist eben sehr einfühlsam."

„Eher eine schlechte Reiterin. Ich kann dich ja gar nicht richtig fordern", antwortet sie geknickt.

Da prustet Henry unter ihr los, und Annie muss sich an seiner Mähne festhalten, um nicht hinunterzupurzeln. „Wie kommst du denn auf so einen Ponyapfel?! Du reitest total toll! Voll angenehm, wenn du es genau wissen willst. Nicht zu viel Schenkeldruck und superweiche Hände hast du. Und erst dein Sitz! Fast so, als würdest du an mir kleben. Da wackelt nichts."

„Ehrlich?" Henrys Worte lassen das Eis in Annies Bauch augenblicklich schmelzen. Er findet sie gut? Gar nicht mies?!

Endlich schafft sie es, ihre größte Angst auszusprechen: „Dann … dann hast du mich nicht aus … Mitleid gewählt?“

Henry lacht wiehernd auf. „Ich bin doch nicht ponybekloppt und wähle einen Gefährten aus Mitleid. Das würde niemals klappen! Ich habe dich gewählt, weil wir zwei einfach zusammengehören. Ich habe das sofort gespürt, als ich dich zum ersten Mal gesehen habe. Da hat es nie einen Ponyzweifel gegeben. Bei dir etwa?“

Das Gefühl, das Annie im nächsten Moment durchströmt, lässt sich gar nicht beschreiben. Es ist so, als würde sie plötzlich von innen her strahlen. So erleichtert fühlt sie sich. Und überglücklich! Sie schlingt ihre Arme um Henrys Hals, steckt die Nase in seine Mähne und spürt die besondere Verbindung.

„Kein bisschen“, sagt sie. „Mir geht’s ja genauso. Es ist, als ob wir uns schon ewig kennen würden.“

„Na ja“, gluckst Henry verlegen. „Das stimmt ja auch. Ein bisschen zumindest. Wir zwei haben vor dem Gefährtentag schon mal miteinander gesprochen. Durch das Ponytelefon.“

„Ponytelefon?“, wundert sich Annie, aber dann

geht ihr ein Licht auf. „Du meinst das Sprachrohr aus meinem Zimmer? Das warst *du*?!"

Henry schnaubt. „Ich wollte es dir nicht während der Zeremonie sagen. Sonst hätten alle geglaubt, wir zwei hätten geschummelt. Deshalb haben sie die Ponytelefone vor Jahren auch abgeschafft. Weil die Lehrer nicht wollten, dass sich die Ponys und Schüler vor der Zeremonie absprechen. Früher hatte nämlich jeder Schüler so ein Telefon neben dem Bett. Das Ponytelefon in deinem Zimmer haben sie aber wohl beim Wegräumen vergessen."

„Oje, so ein Pech!", gluckst Annie. „Jetzt können wir jederzeit miteinander sprechen, wenn wir nicht schlafen können!"

Henry grinst. „Hab doch gewusst, dass du mich verstehst!"

An diesem Abend aber ist das Ponytelefon gar nicht nötig. Annie schläft so schnell ein wie schon lang nicht mehr. Die Aussprache mit Henry hat ihr Herz erleichtert. Es ist alles Mist, was Dana gesagt hat!

Und deshalb ist es ihr auch herzlich egal, dass

die Zimtzicke am nächsten Morgen schon wieder Radau macht und beim Zähneputzen herumquakt, wie arm Henry doch sei.

„Komisch", sagt Annie nur und grinst Dana mit der Zahnbürste im Mund an. „Mir hat er gestern etwas ganz anderes gesagt!"

Heute kann Annie es ohnehin kaum erwarten, zum Unterricht zu gehen. Eine Doppelstunde Reiten steht auf dem Stundenplan. Es ist das erste Mal, dass sie richtig auf Henry reiten darf.
Mit Sattel und Zaumzeug und allem anderen, was dazugehört.

Aber ausgerechnet jetzt kann sie verflixt noch mal ihre Reitstiefel nirgends finden. Sie sind wie vom Erdboden verschluckt. Die Stunde hat längst begonnen, als Annie sie endlich in einem Papiereimer im Gemeinschaftsraum entdeckt. So schnell es geht rennt sie über den Kiesplatz zur Reithalle.

Madam Balleria schäumt vor Wut.

„Dir sollte dein Gefährtenpony weggenommen werden, wenn du schon in der ersten Reitstunde zu spät kommst!“, wettert sie.

„Aber meine Reitstiefel …“, jammert Annie.

Da regt sich Madam Balleria noch mehr auf. „Wenn du nicht mal auf deine Ausrüstung achten kannst, wie willst du jemals eine gute Ponyflüsterin werden!“, bellt sie und stampft zurück in die Mitte der Reithalle.

Aufgelöst bleibt Annie alleine stehen. *Patron*, Madam Ballerias Lipizzanerhengst, streckt den Kopf über die Bande. Das macht er gern, wenn ihm in seiner Box langweilig ist. Im Gegensatz zu Madam Balleria ist er ein richtiger Quatschkopf. Und ein lieber obendrein.

„Mein Ballerinchen meint das nicht so“, nuschelt er. „Sie ist einfach furchtbar temperamentvoll. Hat Feuer im Hinterteil, wenn du verstehst, was ich meine.“

„Genau, mach dir keinen Kopf“, wiehert auch Henry vergnügt, während er auf sie zugetrabt kommt. „Ich hab mich einfach schon mal selbst aufgewärmt, siehst du?“ Er macht ein paar Kniebeugen.

Jetzt muss Annie lachen. Schon fühlt sie sich besser und schwingt sich in den Sattel.

„Das war bestimmt Dana", flüstert Frida, als sie an ihr vorbeireitet. „Du hättest sie eben sehen sollen, sie hat gegrinst wie ein wild gewordener Pavian. Voll fies!"

„War ja klar", knurrt Annie und überholt Tille und Fliederfloh auf dem zweiten Hufschlag.

Die beiden scheinen grad ganz andere Sorgen zu haben. So richtig entspannt sehen sie nämlich nicht miteinander aus.

„Hört mal, ich muss dringend in den Haferladen. Ich brauche neuen Zauberzucker", stöhnt Tille und pariert zum Schritt durch.

„Wieso denn das?", will Frida wissen.

Tille beißt sich auf die Unterlippe. „Nur so …", murmelt sie.

„Ach, gib es ruhig zu", wiehert Fliederfloh unter seinem Einhornzopf. „Wir haben ab jetzt eine Abmachung! Ich spiele das Einhorn, solange Tille Zauberzucker für mich besorgt. Ist nur gerecht, findet ihr nicht?"

„Klar!", sagen Annie und Frida schnell.

„Dann kommt ihr also mit?“, fragt Tille hoffnungsvoll. „Nach der Schule?“

Frida legt die Stirn in Falten. „Miss Nelson dreht durch, wenn wir das Abendessen verpassen“, überlegt sie laut. „Und ausgerechnet heute haben wir doch noch Stallkunde. Ihr wisst ja, wie gern Dorni seinen Unterricht überzieht, damit er die Schufterei nicht selber machen muss. Ob das wirklich hinhaut?“

„Wenn wir gaaanz schnell sind …“, bettelt Tille.

„… und nicht lange trödeln?“, hängt Fliederfloh dran.

Er scheint es gar nicht erwarten zu können, endlich neuen Zauberzucker zu bekommen.

Annie muss lächeln. Ein Ausritt ins Dorf mit ihren Freunden ist genau das, was sie braucht. Obendrein kann sie so Dana aus dem Weg gehen. Und wenn sie nicht trödeln, schaffen sie es bestimmt noch rechtzeitig zurück.

„Ich bin dabei“, ruft sie. „Ein Glück, dass wir so schnelle Gefährtenponys haben!“

Dana Zaubenzee

Genau dasselbe denkt auch Dana. Schon die ganze Zeit über hat sie Annie hinterherspioniert. Zugegeben, das ist manchmal gar nicht so einfach gewesen. Oft ist die bescheuerte Fusselbirne nämlich einfach verschwunden. Erst ist sie noch im Stall bei den Ponys, und dann zack – wie vom Erdboden verschluckt! Keine Ahnung, wie sie das anstellt. Bald wird die dusselige Lockensusi aber einen Fehler machen – und dann wird sie dafür sorgen, dass Henry seine wahre Gefährtin bekommt. Nämlich sie – Dana Zaubenzee, ist doch klar!

Dana grinst. Zum Glück macht es ihr Annie ziemlich leicht. Zuerst die Reitstiefel, die sie einfach hat rumliegen lassen. Und jetzt will sie auch noch ins Dorf, wo es doch eigentlich verboten ist, so spät noch auszureiten. Wie leichtsinnig von ihr.

„Und wie gut für mich", kichert Dana leise und gibt Mirrora die Sporen.

Die Stute strengt sich noch mehr an, geht noch mehr durchs Genick und hebt noch mehr die Hinterbeine. Sie schwitzt schon am ganzen Körper. Dana gibt ihr dennoch einen Klaps mit der Gerte.

Da hat Mirrora endgültig die Nüstern voll.

„Jetzt reicht es aber“, wiehert sie und schlägt wütend mit den Hinterhufen aus. „Du bist gar nicht bei der Sache. Und ich soll mich hier abstrampeln!“

Dana stöhnt. Warum muss Mirrora immer so zickig sein? Dann aber durchzuckt sie ein Geistesblitz, und ein fieses Kürbisgrinsen krabbelt auf ihr Gesicht.

„Tut mir leid“, sagt sie schnell. „Ich mach's wieder gut, versprochen. Was hältst du von einem Ausritt? Nach dem Unterricht? Ins Dorf?“

Mirrora runzelt unter ihren schwarz glänzenden Schopfhaaren die Stirn. „Bist du dir sicher?“

Dana lacht hell. „Klar, warum nicht! Weißt du, wir spielen da so ein Spiel, die Mädchen und ich. Es heißt: Wer hat Angst vorm Geisterpony?“

Mirrora spitzt die Ohren. „Das kenn ich gar nicht. Wie geht das denn?“

„Eigentlich ganz einfach. Es ist so eine Art Spezialübung, nur für Mutige. Man muss im Dunkeln durch den Wald reiten, ganz leise. Und wer sich nicht erschreckt, hat gewonnen.“

„Aha“, sagt Mirrora unglücklich.

„Was ist denn jetzt schon wieder? Bist du so eine Spielverderberin? Oder ein Angsthase?“, fragt Dana.

Die braune Stute bleibt beleidigt stehen. „Natürlich nicht. Es ist nur … Na ja, ich mag die Dunkelheit nicht so besonders, wenn du es genau wissen willst …“

Dana fällt ihr ins Wort: „Komm schon! Die anderen sind auch alle dabei! Wir verkleiden uns sogar ein bisschen, damit es noch gruseliger wird. Das wird ein Riesenspaß!“

„Wenn du meinst“, murmelt Mirrora und gibt sich geschlagen.

Dana grinst siegessicher. Das läuft ja wie am Schnürchen! Jetzt muss sie nur noch dafür sorgen, dass sich Henry im Wald ordentlich vor ihnen erschreckt, damit die dämliche Lockensusi mal wieder Bekanntschaft mit dem Boden macht. So wird sie es mit Sicherheit nicht rechtzeitig zurück zur Villa schaffen. Vor allem, wenn Henry dann auch noch davonläuft.

„Was wiederum gut für mich ist“, kichert Dana in sich hinein. Wie durch Zufall wird sie Henry nämlich finden und die ganzen Lorbeeren einheimsen, ist doch klar!

Mirrora spitzt die Ohren. „Was ist gut für dich?“, fragt sie.

„Och nichts“, trällert Dana honigsüß und tätschelt Mirroras Mähne. „Ich freu mich einfach auf unseren Ausflug, das ist alles.“

Sie grinst. Wenn die wüsste! Aber manchmal muss man eben aufs Ganze gehen, um etwas zu erreichen.

Sturm über Trippelwick

„Ich finde ja Klee-Eis am allerbesten", trällert Sturmtanz, als sie mit vollen Bäuchen und noch volleren Taschen vom Dorf zurück in die Schule reiten. In Windeseile hat Tille fast den ganzen Haferladen leer gekauft. Und auch Annie und Frida haben sich mit den Lieblingspopflis ihrer Gefährtenponys eingedeckt. Sogar ein kurzer Besuch bei Möhrentrude war noch drin, so flink sind sie gewesen. Jetzt sind sie so mit Quatschen beschäftigt, dass sie gar nicht merken, wie um sie herum der Himmel dunkler und dunkler wird.

„Ich finde Löwenzahneis total dufte", wiehert Henry und trabt munter neben Fliederfloh her. „Und du?"

„Ach, mir schmeckt alles", schnaubt der Miniklops und biegt zuckelnd in den Waldweg ein, der hinauf zur Schule führt.

Erst da bemerkt Annie, dass auf einmal Wind

aufgekommen ist. Er raschelt in den Zweigen. Ziemlich unheimlich klingt das. Und dann fängt es auch noch an, wie aus Kübeln zu schütten.

„Oje", ruft sie und knöpft ihre Jacke zu. „Ein Gewitter ist im Anrollen. Jetzt aber schnell nach Hause!" Sie treibt Henry voran.

„Und wenn der Blitz einschlägt?", quietscht Sturmtanz ängstlich.

„Wir passen schon auf", beruhigt Frida sie. „Es ist ja nicht mehr weit." Dennoch lenkt sie Sturmtanz zur Sicherheit dicht hinter Henry. Und Henry hält sich an Fliederfloh. Der ist nun mal das erfahrenste Pony der Schule und muss daher als Erster gehen. Tapfer wuselt er den Schleichweg hinauf. Der Regen wird heftiger. Schon klebt Annies Reithose auf ihrer Haut.

Da knackst es plötzlich im Unterholz, und ein Schatten huscht vorbei.

„Was war das?", japst Sturmtanz. Ihre Hufe tänzeln nervös. Frida krallt sich an der Mähne fest.

„Keine Ahnung", murmelt Henry.

Auch Annie hat ein komisches Gefühl. Irgendetwas ist dort im Dickicht, das hört sie genau.

Und Sturmtanz hört es auch. Sie wird panisch und steigt sogar ein wenig.

„Kannst du nicht schneller reiten?", ruft Frida Tille zu. „Hier wird's gleich richtig ungemütlich!"

Der kleine Fliederfloh beißt die Zähne zusammen und trippelt schneller. Da kracht es über ihnen, und ein gewaltiger Blitz erleuchtet den düsteren Himmel. Jetzt zucken nicht nur die Ponys zusammen. Auch die Mädchen erschrecken sich zu Tode. Und als wäre das nicht genug, springt im nächsten Moment ein gruseliger Schatten aus dem Unterholz. Direkt auf sie zu.

Annies Herz schlägt wie verrückt. Ein Geisterpony!, denkt sie. Mit einem Kapuzenreiter und Flatterumhang! Total schaurig!

So schnell, wie der Schatten gekommen ist, so schnell ist er auch wieder verschwunden. Prescht davon, im strömenden Regen. Genau auf die Nebelschlucht zu. Dorthin, wo Ponys niemals hinrennen, weil sie genau wissen, wie gefährlich es dort ist. Aber für ein Geisterpony ist die Nebelschlucht vermutlich gerade richtig.

„Heiliges Einhorn!", ruft Tille und reibt sich die Augen. „War das nicht Dana auf Mirrora?"

„Kam mir auch so vor", brummelt Fliederfloh. „Eure Mitschülerin schien aber ziemlich überfordert zu sein."

„Was hat die denn hier verloren?“, wundert Annie sich, doch dann begreift sie: „Oh nein, sie ist uns gefolgt!“ Um uns zu verpetzen, hängt sie im Stillen dran. So eine Zimtzicke! „Die kann was erleben, wenn wir wieder im Stall sind“, knurrt sie und treibt Henry voran.

„Aber die Nebelschlucht“, wiehert Sturmtanz schrill.

„Oh nein“, haucht Frida, und auch Annie läuft es kalt den Rücken runter, als sie begreift, was Sturmtanz ihnen sagen will. Wenn Dana Mirrora nicht zum Stehen bringt, werden sie mit Sicherheit in den Abgrund stürzen.

„Bei dem starken Regen ist die Sicht dort bestimmt noch schlechter“, ruft Annie. „Was sollen wir nur tun?“

„Na hinterher, was sonst“, quiekt Fliederfloh gegen den Sturm an. „Mirrora hat total Angst vor Dunkelheit. Sie wird bestimmt nicht von selbst stehen bleiben. Aber meine Beine sind viel zu kurz. Ihr müsst das alleine auf die Reihe kriegen.“

„Ich?“, wiehert Sturmtanz schrill und zittert am ganzen Körper. „Ich schaffe das nicht!“

Frida beißt die Zähne zusammen, um nicht herunterzufallen, so sehr regt sich ihre Stute auf.

„Du musst das alleine machen, hörst du?“ Sie sieht Annie mit schreckgeweiteten Augen an. „Mit Henry. Ihr beide könnt das! Jetzt liegt es an euch!“

Silberblitz

Annie weiß, dass Frida recht hat: Sturmtanz ist viel zu nervös, um Mirrora zu beruhigen. Und Fliederfloh viel zu langsam. Henry dagegen ist schnell und mutig.

„Wir können sie nicht im Stich lassen", ruft er.

Annie nickt tapfer. Auch wenn Dana selber schuld ist, kann sie beim besten Willen nicht zulassen, dass die beiden in den Abgrund stürzen! Sie beißt sich auf die Unterlippe, nimmt die Zügel in die Hand, greift in Henrys Silbermähne, sucht sich einen guten Halt in den Steigbügeln und setzt sich fest in den Sattel, so wie Madam Balleria es ihr beigebracht hat.

„Auf was wartet ihr noch?", quietscht Fliederfloh.

Das ist das Kommando! Wie ein Silberblitz prescht Henry nach vorne. Annie wird kurz nach hinten gerissen. Schon hat sie sich wieder gefangen und geht in den leichten Sitz. Dabei beugt sie sich ganz nah über Henrys Mähne und hebt ihren Po, damit sie ihn nicht beim Laufen stört. Wie der Wind jagen sie so über den Waldweg. Annie hört ihr eigenes Herz rasen. Und auch Henrys Herz rast, als wären sie miteinander verbunden. Sie denken dasselbe, fühlen dasselbe, spüren dasselbe. Genau wie Professor Zen gesagt hat.

Dadurch weiß Annie auch, dass Henry gleich den Weg verlassen wird. Sie greift noch fester in seine Mähne, und er schlägt einen Haken. Weiter geht's im wildesten Galopp. Schon sieht Annie die Nebel aufsteigen. Die Sicht wird schlechter. Die Nebelschlucht kann nicht mehr weit weg sein. Ob sie zu spät sind? Und woher weiß Henry überhaupt, wann er selber abbremsen soll? Da taucht im Nebel vor ihnen ein Schatten auf, und Annie hört Mirroras donnernde Hufschläge.

„Das sind sie", ruft sie erleichtert. „Gleich haben wir sie eingeholt!" Sie lenkt Henry hinüber.

„Mirrora!", wiehert Henry. „Bleib stehen! Du rennst auf die Nebelschlucht zu!"

Doch Mirrora scheint wie von Sinnen. Panisch rennt die Stute weiter.

Annie blickt in Danas bleiches Gesicht. Mit ihrem wehenden Regenumhang sieht sie wirklich aus wie ein Gespenst. Gerade noch hält sie sich im Sattel und wimmert: „Ich … ich kann sie nicht halten!“

Ein paar Nebelfetzen lüften sich, und Annie erkennt entsetzt, dass nur wenige Meter vor ihnen die Klippen enden und der Nebel ins Nichts stürzt. Puh, jetzt oder nie!

„Du musst ihr Mut zusprechen“, schreit sie gegen den Regen. „Nur du kannst sie beruhigen. Ihr seid Gefährten, schon vergessen?“

Hätte Dana mal besser auf den Eselprofessor gehört, denkt Annie verzweifelt. Wenn das hier vorbei ist, wird sie mit ihr ein Hühnchen rupfen. Ach was, einen ganzen Strauß! Aber erst mal müssen sie eine Katastrophe verhindern.

„Komm, du schaffst das!“, ruft Annie.

Dana nickt. „Mi-mirrora bi-bitte“, wimmert sie. „Bl-bleib stehen! Ich ha-ab Angst …“

„Ich auch“, wiehert die braune Stute schrill und

wird für einen Moment langsamer. Das ist die Gelegenheit, auf die Henry gewartet hat. Todesmutig wirft er sich vor die Hufe der Stute und schneidet ihr somit den Weg ab. Mirrora legt eine Vollbremsung hin. Dana hebt es aus dem Sattel, sie landet im hohen Bogen im Moos.

„Greif ihre Zügel", wiehert Henry.

Annie tut, was er sagt. Plötzlich wird es still. Nur den Regen hören sie, wie er auf das weiche Moos fällt. Und natürlich das Donnergrollen, das inzwischen ziemlich nahe gekommen ist.

„Das ist kein Donner“, murmelt Henry, der Annies Gedanken gelesen hat. „Das ist der große Wasserfall unten in der Nebelschlucht. Wir hatten verdammtes Hufeisenglück!“

Er nickt in die Richtung, aus der das Grollen kommt. Keinen Meter vor ihnen hat die Nebelschlucht ihren gierigen Schlund aufgerissen und scheint nur auf sie alle zu warten.

Annie fröstelt. „Lasst uns schnell von hier verduften.“

Danas Geheimnis

„Es tut mir so leid", wimmert Mirrora, als sie alle zitternd und bibbernd den Ponystall erreicht haben. „Gut, dass du dir nicht wehgetan hast!" Sie guckt Dana beschämt in die Augen. „Und so was passiert ausgerechnet mir. Da verliere ich die Nerven und werfe meine Gefährtin ab. Ich bin wohl doch nicht so mutig, was? Ach, ich hasse einfach die Dunkelheit!" Sie lässt den Kopf hängen. „Und gewonnen haben wir auch nicht."

„Sei nicht so streng mir dir", tröstet Sturmtanz ihre Freundin.

Zum Glück hat sich Fridas Gefährtenpony schnell wieder beruhigt. Sie steht neben Mirrora und reibt freundschaftlich ihre Nüstern an deren Fell. Zwischen all dem herrlich duftenden Stroh und Heu, während draußen der Sturm tobt, guckt sie ihre Freundin mitfühlend an. „Ich habe mich ja selber zu Tode gefürchtet. Nur meiner Frida ist es zu verdanken, dass ich nicht auch auf die Nebelschlucht zugerast bin."

Frida strahlt wie ein Honigkuchenpferd. Dann jedoch fragt sie: „Gewonnen? Wovon redest du?"

Mirrora schüttelt ihre lackschwarze Mähne, sodass tausend Regentropfen in alle Richtungen spritzen.

„Na, von eurem Geisterponyspiel", erklärt sie. „Deshalb haben wir ja im Wald auf euch gewartet, um euch zu erschrecken. Na ja, aber Annie und Henry haben gewonnen, würde ich sagen. Sie waren am mutigsten." Sie lächelt Dana unsicher an.

„Also ich verstehe nur Bahnhof", nuschelt Fliederfloh und mampft ein Stück Zauberzucker. „Kommt, esst auch einen." Er schiebt Tilles Papiertüte in die Mitte. „Der ist gut für die Nerven."

Da passiert das Unmögliche: Dana fängt an zu weinen. Dabei schluchzt sie wie ein hungriges Robbenbaby. Ach was, wie zwei! Dicke Tränen rollen unter der Kapuze über ihr blasses Gesicht, und sie schnieft: „Es ist alles meine Schuld!"

„Ach, gar nicht“, sagt Mirrora hastig und versucht ihre Gefährtin zu trösten. „Ich hätte gar nicht mitspielen sollen. Weißt du, ich bin als Fohlen mal ganz lange in einer dunklen Box eingesperrt worden. Davon habe ich immer noch Albträume. Aber ich wollte doch so gern gewinnen. Damit … na ja … damit du stolz auf mich bist und mich magst …“

Da heult Dana noch mehr!

„Oje, hab ich was Falsches gesagt?“ Betreten guckt Mirrora zu Boden.

„Geisterponyspiel? Wovon redest du denn die ganze Zeit?“ Tille guckt Mirrora streng an. „Sag schon!“

Doch es ist Dana, die antwortet. Sie schält sich aus ihrem Regenumhang und rückt endlich mit der Wahrheit heraus. Als sie erzählt, dass das Spiel eigentlich eine fiese Falle gegen Annie sein sollte, wird es ganz still im Ponystall. Und ziemlich ungemütlich.

„Dann hast du mich belogen“, sagt Mirrora bestürzt, und ihre Augen werden dunkel wie die schwärzeste Nacht. „Und uns alle in Gefahr gebracht!“

Dana nickt schuldbewusst.

„Es tut mir schrecklich leid. Ich hoffe, ihr könnt mir das irgendwann verzeihen."

Mirrora sagt nichts und starrt gegen die Wand.

Fliederfloh hingegen macht ganz große Augen.

„Hä? Sag mal, warum bist du denn so gemein zu Annie?"

Da muss Annie nicht lange raten. Und Henry offenbar auch nicht.

„Du bist ihr böse, weil ich nicht dich gewählt habe, stimmt's?", sagt er empört. „Aber weißt du, man kann nicht erzwingen, zu wem man gehört. Ponyherzen sind ziemlich eigensinnig."

Dana streicht sich eine blonde Strähne aus dem verweinten Gesicht und schnieft. „Du hast ja recht. Und jetzt tut mir das alles auch total leid. Es ist nur so … Zu Hause erwarten alle von mir, dass ich mal ein Superstar werde. Meine Mutter war früher eine der besten Dressurreiterinnen weltweit. Aber als ich auf die Welt gekommen bin, musste sie ihre Karriere wegen mir an den Nagel hängen. Und jetzt will sie, dass ich genauso erfolgreich werde wie sie. Damit sie das, was sie durch mich versäumt hat, nachholen kann. Das sagt sie zumindest ständig …“ Dana bricht ab.

„Boah, voll fies“, sagt Tille.

„Aber wenn du eine erfolgreiche Dressurreiterin werden willst, warum wolltest du dann unbedingt mich als Gefährtenpony? Ich bin doch noch gar nicht so gut in Dressur?“, wundert sich Henry.

Danas Lippen werden ganz schmal, als sie verlegen murmelt: „Es ist wegen Estelle …“

„Ich bin nicht meine Mama!“, wiehert Henry. „Außerdem ist Mirrora viel besser als ich.

Eigentlich ist sie das beste Dressurpony in Trippelwick, und du merkst das nicht mal!“

Überrascht blinzelt Mirrora Henry an.

„Das hast du aber schön gesagt“, haucht sie.

„Wenn's doch wahr ist“, schnaubt er und guckt nun ziemlich streng unter seiner silbernen Mähne hervor. Annie weiß genau, was in ihm vorgeht. Er mag es eben nicht, ständig mit seiner berühmten Mutter verglichen zu werden. Und schon gar nicht mag er es, wenn man andere schäbig behandelt.

„Ich bin eine ziemlich lausige Ponyflüsterin, was?“, murmelt Dana.

„Ts“, macht Mirrora und hebt das Kinn. „Das ist noch untertrieben. Erbärmlich trifft es genauer.“

„Stimmt“, sagt Dana kleinlaut. „Das ist mir jetzt auch klar. Weil ihr es mir gezeigt habt.“ Sie blinzelt schüchtern zu Henry und Annie rüber.

„Echt jetzt?“, fragt Annie misstrauisch.

Dana nickt. „Ihr müsst euch nichts beweisen, ihr mögt euch einfach und geht zusammen durch dünn und dick. Und genau darum geht es in Trippelwick, hab ich recht?“

„Schön gewiehert, Mädchen", brummelt Fliederfloh und hält Dana versöhnlich das Säckchen mit Zauberzucker unter die Nase.

„Könnt ihr mir verzeihen? Mirrora? Annie? Henry?" Dana hält gespannt die Luft an.

Annie zuckt mit den Schultern. Wenn sie ehrlich ist, ist sie immer noch sauer. Und auch Mirrora macht keine Anzeichen, so schnell klein beizugeben.

Da kitzelt Henry Annie mit seinen weichen Nüstern.

„Wer ein großes Herz hat, kann auch Großes verzeihen", raunt er ihr ins Ohr.

Annie seufzt. Henry hat natürlich recht. Trippelwick ist nur dann der tollste Ort der Welt, wenn sie alle zusammenhalten. Und das ewige Streiten ist ihr ohnehin schon gehörig auf den Brokkoli gegangen.

„Vergeben und vergessen", sagt sie deshalb großmütig.

„Entschuldigung angenommen!", wiehert auch Henry.

„Okay", stimmt Mirrora zu. „Aber nur, wenn du ab jetzt ehrlich bist!"

Da strahlt Dana über das ganze Gesicht, und sie ruft dankbar: „Versprochen!“

Es ist das erste Mal, dass Annie Dana so lächeln sieht. Richtig gut steht ihr das! Viel besser als das Zitronengesicht, das sie sonst immer macht.

In diesem Moment geht hinter ihnen die Tür auf. „Hör ich etwa Stimmen?“, donnert jemand.

„Oje, Dorni im Anmarsch“, quiekt Fliederfloh. „Wenn der mitbekommt, dass ihr nicht beim Abendessen seid, kriegen wir alle gehörigen Ärger!“

Annie überlegt nicht lange. Sie zieht ihre Freundinnen mitsamt den Ponys hinter die Heuballen. Es macht leise *klick*.

Stallmeister Dorn kommt eine Millisekunde zu spät. Jetzt muss er die ganze Arbeit alleine machen. So ein Ponyapfel aber auch!

Heuhöhlenparty

Annie traut ihren Augen nicht. Und ihren Ohren auch nicht. Dana, die Superzicke, ist plötzlich richtig nett! Das grenzt beinah an ein Weltwunder! Keine fiesen Kommentare. Kein Zitronengesicht. Anscheinend ist Dana einfach glücklich, dass sie in die Heuhöhle mitkommen durfte.

„Jetzt weiß ich endlich, wohin ihr immer verschwunden seid!", lacht sie von einem der Heusofas aus.

Neben ihr hat es sich Mirrora gemütlich gemacht und knabbert an einem Pupsli. Der Zauberzucker ist leider schon alle. Darum ist Fliederfloh vorhin schnell zum Waldpavillon gewuselt. Denn Professor Zen hat immer Popflis auf Lager. Und Frau Semmelbrots Knisterkekse. Die ploppen herrlich im Mund.

Annie beißt genüsslich auf einen Keks, während Dana übermütig losgackert: „Wenn das meine

Mutter wüsste! Dass ich in einem versteckten Raum sitze, der nur dafür gemacht ist, Unfug zu treiben."

„Das ist doch kein Unfug, was wir hier tun", nuschelt Fliederfloh. „Wir feiern bloß eine Heuhöhlenparty."

Dana grinst schief. „Ja schon, aber du kennst meine Mutter nicht. Für die wäre so etwas undenkbar. Das hat schließlich nichts mit Gewinnen zu tun! Sie würde das bestimmt nicht verstehen."

„Da wäre ich mir gar nicht so sicher", sagt Tille. Sie hält ein dickes Buch in den Händen, das sie aus einem der Schränke gezogen hat, und tippt auf die aufgeschlagene Seite. „Da steht drin, wer alles vor Annie die Heuhöhle entdeckt hat. Deine Mutter heißt doch Amathea Zaubenzee?"

Dana nickt verdattert. „Ja, wieso?"

„Dann hat dir deine Mutter die besten Dinge über Trippelwick verschwiegen", sagt Tille auf ihre typische Tille-Art und hält Dana das Buch unter die Nase. „Schau mal! Auf dem Foto, da ist sie. Sie war also auch eine Hüterin der Heuhöhle."

Dana schnappt empört nach Luft. „Die kann was erleben, wenn ich das nächste Mal zu Hause bin!"

„Bloß nicht!", rufen Annie, Henry, Frida, Sturmtanz, Tille, Fliederfloh und Mirrora im Chor. „Die Heuhöhle ist doch unser Geheimnis!"

Da seufzt Dana erleichtert. „Ja, klar! Deshalb hat sie nichts davon erzählt! Weil die Heuhöhle schon damals geheim war!" Dieser Gedanke scheint sie etwas zu besänftigen, und alle nicken hastig, auch wenn das vielleicht nur die halbe Wahrheit ist.

Neugierig blättern sie dann gemeinsam weiter im Buch, bis sie auf eine leere Seite stoßen.

„Die ist für uns", beschließt Annie. „Hier werden wir unser eigenes Trippelwick-Foto reinkleben. Wir sind ja jetzt ein Team."

„Oh, eine Herde“, quietscht Mirrora und stupst Dana an, die prompt vom Heusofa plumpst.

Alle lachen. Auch Dana. Dann hören sie Hufgetrappel hinter der Holzwand, und augenblicklich werden sie still.

„Ist das schon wieder Stallmeister Dorn?“, flüstert Frida.

Annie schleicht hinüber zur Wand. Dort befindet sich ein geheimes Guckloch, durch das man in den Ponystall linsen kann.

„Nein“, flüstert sie und lauscht. Es sind die Marmorkuchenjungs. Gemeinsam bringen sie Pepper und Roni vom Pofu-Training zurück. Dabei reißen die beiden ihre Klappe ziemlich weit auf.

Annie schnappt nach Luft.

„Was hast du denn?“, fragt Henry.

„Hat Dorni wieder mal in der Nase gepult? Das macht er gern“, gluckst Fliederfloh.

„Igitt“, stöhnt Annie und schüttelt den Kopf. „Nein, es sind Pablo und Niklas. Und die machen Witze darüber, dass wir angeblich zu doof für Pofu sind. Und dass Posei totaler Kinderkram ist.“

„Was?“, wiehert Mirrora empört.

Auch Sturmtanz peitscht mit dem Schweif. „Wir sollten denen mal zeigen, was wir draufhaben, findet ihr nicht?“

Alle sind sofort Feuer und Flamme. Nur Fliederfloh zieht eine Schnute. „Och, das ist nichts für mich. Aber ich gebe gerne den Schiri. Oder noch besser …“ Er grinst. „Ich trainiere euch!“

„Und ich?“, protestiert Tille.

Der kleine Miniklops wiehert zu ihr rüber.

„Mädchen, ich bin nun mal ein kleines Shetlandpony. Mit sehr kurzen Beinen. Ich bin für Pofu nicht gemacht. Und für Posei schon gar nicht. Ich kann dafür andere Dinge, gecheckt?“

„Gecheckt“, seufzt Tille leise.

„Du kannst mir ja helfen“, tröstet Fliederfloh sie.

„Du meinst, wenn wir Niklas und Pablo zum Duell herausfordern?“, schlägt Frida vor.

„Als Team? Team Türkis?“, fragt Dana hoffnungsvoll.

Annie nickt. „Ponytastische Idee!“

Da gluckst Henry neben ihr.

„Das ist mein Mädchen!“, schnaubt er stolz.

1:0 für Team Türkis

„Howdy! Das wird heute ein Sportunterricht! Wie im Wilden Westen“, wiehert Mister Appaloosa und trabt aufgekratzt über den Springplatz. „Seid ihr euch denn auch wirklich sicher, meine Herren, dass ihr die Ladies dort drüben herausfordern wollt? Ich meine … ähm …“ Der Sportlehrer senkt den Kopf. „Die sind verdammt gut. Hab sie gestern beim Posei-Training gesehen …“

„Na und?“, krähen die Jungs aus dem Silberzimmer im Chor. „Das sind wir auch!“

„Außerdem brauchen sie dringend einen Denkzettel. Sie haben behauptet, Posei wäre schwerer als Pofu“, schimpft Pablo aufgebracht. „Das geht gar nicht!“

„Reg dich nicht auf“, sagt Niklas. „Wir zeigen ihnen schon, was Sache ist. Und zwar jetzt!“ Er grinst frech. Tobias und Max grinsen ebenfalls. Dann stellen sie sich auf. Das Seil beginnt zu schwingen. Tille und Fliederfloh lassen es elegant durch die Lüfte sausen.

„Ihr kennt die Regeln?“, will Mister Appaloosa wissen. „Das Seil darf nicht berührt werden. Ihr galoppiert einmal darunter durch, macht eine Wende und springt dann über das Seil zurück. Wird dieser Ablauf durchbrochen oder bleibt ihr hängen, seid ihr ausgeschieden.“

Die Jungs nicken.

Mister Appaloosa trabt zur Seite.

„Dann aufgepasst! Auf der einen Seite treten an aus dem Silberzimmer: Pablo Ekardo, Niklas Wallson, Tobias Borengi und Max Stoig mit ihren Gefährtenponys. Und auf der anderen Seite treten an aus dem Türkiszimmer: Annelie Fliederbusch, Frida Bächli, Dana Zaubenzee und ...“ Mister Appaloosa bricht verwirrt ab. „Was ist mit dir, Tille Vanderberg? Du bist doch sonst nicht so zaghaft. Sag bloß, dein Fliederfloh ziert sich.“ Missbilligend guckt der Sportlehrer auf Fliederflohs Kugelbauch. „Würde dir aber nicht schaden, Kollege“, sagt er streng. „Ein bisschen Sport tut jedem gut.“

„Ist schon in Ordnung“, murmelt Tille. „Jemand muss ja das Seil drehen.“

„Genau“, nuschelt Fliederfloh, der das andere Ende mit seinen Zähnen festhält. Sein Kopf dreht sich so schnell, als würde er Karussell fahren. „Macht endlich. Mir wird schon ganz schwindelig!“, jammert er.

„Yeehaw!“, wiehert Mister Appaloosa und gibt die Bahn frei. Schon preschen die Jungs los. Einer nach dem anderen galoppiert durch das Seil hindurch. Dann wird es verzwickt. Die Kurve kriegen sie noch, aber schon streift Roni das Seil mit seinen Hufen. Und Max’ Gefährtenpony scheut sogar, als es darüberspringen soll.

„Bist du verrückt?“, schnaubt es wütend. „So hoch bin ich in meinem Leben noch nie gesprungen. Ich bin ein Stürmerpony, schon vergessen?“

Die Mädchen gackern. Jetzt sind sie an der Reihe. Spielend leicht springen sie über das

Seil in der Luft. Das sieht herrlich elegant aus. Kein Wunder! Sie haben schließlich auch tagelang hart dafür trainiert.

„Wow", wiehert Mister Appaloosa. „1:0 für Team Türkis!"

Annie, Frida und Dana grinsen glücklich. „Findet ihr immer noch, dass das Mädchensport ist?"

Die Jungs brummen und knurren, als würden sie Einhornvokabeln pauken. „Na gut", maulen sie.

„Posei ist doch nicht so leicht. Aber Pofu ist trotzdem cooler."

„Ja, wenn das so ist", sagt Annie und tut so, als wäre sie ganz überrascht.

Frida grinst. „Denkt ihr auch das, was ich denke?"

„Du meinst, dass wir ab morgen Pofu spielen?", feixt Dana.

„Na, wenn's doch sooo cool ist", äfft Annie die Jungs nach.

„Oh nein!", kreischen die Jungs, als bei ihnen der Groschen gefallen ist, und galoppieren entsetzt davon.

Henry guckt ihnen hinterher.

„Ich weiß gar nicht, was die haben", wundert er sich. „Mädchen sind doch total toll!"

Ellie Mattes wuchs zwischen Pferden und Ponys auf. Später kamen noch zwei entzückende Esel hinzu – nur auf Zebras und Einhörner muss sie bis heute verzichten. Ansonsten braucht sie nur zum Fenster hinauszublicken, um in die bunte Welt von Trippelwick einzutauchen. Mit ihrer Familie lebt sie in einem Häuschen mitten im Wald, und dort geht es ziemlich ponytastisch zu.

Larisa Lauber hat Design studiert und dann festgestellt, dass sie unbedingt zeichnen möchte. Sie hatte das große Glück, in einem Trickfilmstudio mitarbeiten zu können, dabei entdeckte sie ihre Liebe zur Animation. Nachdem sie viele Jahre für Trickfilme gezeichnet hatte, wollte sie etwas Neues ausprobieren und begann, Kinderbücher zu illustrieren.

1. Auflage 2024
Ungekürzte Ausgabe im Schneiderbuch

Dieses Werk wurde durch die Literaturagentur Beate Riess vermittelt
Umschlaggestaltung von Frauke Schneider unter Verwendung
der Illustrationen von Larisa Lauber
Gesetzt aus der Kievit
von GGP Media GmbH, Pößneck
Druck und Bindung: GGP Media GmbH, Pößneck
Printed in Germany · ISBN 978-3-505-15170-5

www.schneiderbuch.de
Facebook: facebook.de/schneiderbuch
Instagram: @schneiderbuchverlag

Druckprodukt mit finanziellem
Klimabeitrag
ClimatePartner.com/15109-2009-1001

MIX
Papier
FSC FSC® C014496